SAINTE CHANTAL

ET

LA DIRECTION DES AMES AU XVIIe SIÈCLE

SAINTE CHANTAL

ET

LA DIRECTION DES AMES

AU XVIIᵉ SIÈCLE

PAR

HENRI BEAUNE

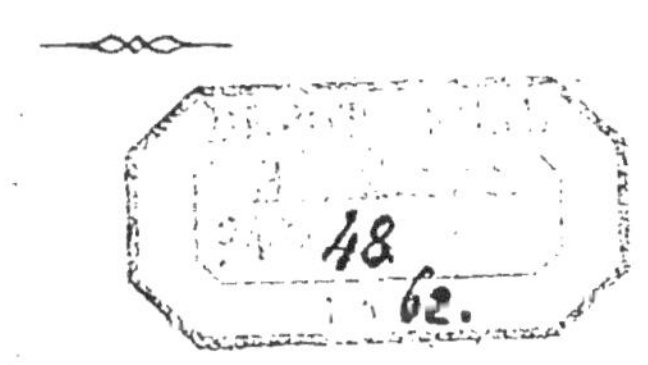

CHAUMONT

IMPRIMERIE ET LITHOGRAPHIE DE CHARLES CAVANIOL

1862

SAINTE CHANTAL

SAINTE CHANTAL

ET

LA DIRECTION DES AMES AU XVIIᵉ SIÈCLE [1]

Le temps vole avec une telle rapidité, qu'il se prépare déjà une seconde édition du livre dont je viens annoncer la première. Publiée depuis six mois à peine, cette première édition est déjà presque entièrement épuisée. Pour elle, le temps a marché moins vite encore que le succès. Succès bien flatteur et bien rare ! Un livre écrit pour les âmes pieuses, exclusivement destiné par son auteur aux lectures du foyer chrétien et aux virginales méditations des monastères, a ému, a touché les hommes du monde eux-mêmes, qui, d'habitude, ne s'aventurent guère dans de pareilles œuvres. Ils ont trouvé quelque intérêt dans le simple récit de la vie d'une humble religieuse et quelque charme dans l'histoire des premiers accroissements de son chaste troupeau. Peut-être cédaient-ils à l'attrait de la nouveauté, car leurs fiévreuses agitations sont loin de la paix des saintes solitudes; peut-être y avait-il de leur part une certaine curiosité à franchir ces tours, à pénétrer derrière ces grilles qui protègent des mœurs étrangères au siècle, si étrangères en effet qu'elles sont encore moins inconnues qu'incomprises. Mais cette curiosité une fois satisfaite, et fort mal satisfaite, ajouterai-je, car elle n'a rencontré dans ce voyage à travers un cloître, ni romanesques mystères, ni austérités hypocrites, ni secrètes violences, qui pouvait les intéresser et les retenir? Mᵐᵉ de Chantal n'était point populaire, que je sache; son nom, dépouillé de l'auréole que le monde attache plus aux grands talents qu'aux grandes vertus, n'avait aucun retentissement; il ne rappelait ni la suave douceur de saint François de Sales, ni les brûlantes extases de sainte Thérèse; il n'était familier qu'à un petit nombre d'âmes religieuses et à ses filles. L'histoire de l'Eglise et l'histoire du pays sont remplies de femmes plus célèbres et plus admirées : sainte Chantal n'avait rien fait pour leur disputer l'attention ou l'enthousiasme; loin de briguer les honneurs d'une gloire posthume, sa vie n'avait été qu'un miracle d'humilité; en fuyant les hommes pour se donner à Dieu tout entière, elle n'avait entendu rien retenir et rien accepter d'eux. Sa mémoire n'était pas de celles qu'ils conservent : qui se sépare d'eux les dédaigne; et qui les dédaigne est bien vite méprisé.

[1] Histoire de sainte Chantal et des origines de la Visitation, par M. l'abbé Bougaud, vicaire général d'Orléans. Paris, Lecoffre, 1860. 2 vol. in-8°.

Cependant ce livre a fait promptement sa fortune; il a été lu, il a été relu, il a été aimé. Il a réveillé de son long sommeil Dijon, la patrie de sainte Chantal, qui se dispose à lui dédier une de ses nouvelles églises; et il n'y a plus d'indiscrétion à dire qu'il a conquis à son auteur l'estime et la confiance d'un des plus illustres membres de l'épiscopat français. On me pardonnera de placer mon opinion personnelle sous le patronage d'une opinion étrangère : si l'indifférence était la condition de l'impartialité, ou si l'impartialité complète était nécessaire pour donner au jugement quelque valeur, je ne devrais point prétendre à entretenir le public de l'ouvrage de M. l'abbé Bougaud. L'amitié n'est jamais indifférente, elle n'est nullement sûre de pouvoir être impartiale. La *camaraderie* a d'ailleurs si bien envahi depuis quelque temps le domaine des lettres, qu'elle a rendu suspects les sentiments les plus désintéressés et les plus sincères, en faisant d'une parole amie la plus triste recommandation qu'un écrivain puisse invoquer près de ses lecteurs. Il n'y a rien aujourd'hui d'aussi banal que la louange, il n'y a rien dont on se défie davantage, et c'est ce qui rendra sous peu toute analyse littéraire impossible. L'admiration la plus complète ne peut plus s'épancher sans contrainte; elle est tenue à mille dissimulations et à mille réserves; il lui est interdit de dire franchement : *c'est bien*, sous peine de paraître mercenaire ou aveugle. Pour moi, qui ne voulais pas me faire en ce genre une violence inutile, je me serais tu simplement, si l'approbation publique ne s'était exprimée par des voix que l'on ne saurait accuser de complaisance. Je ne redouterai plus la partialité après de tels témoignages. L'accueil fait à la *vie de sainte Chantal* est le meilleur éloge que son auteur puisse désirer : le succès de la première édition est le meilleur gage du succès de la seconde. En pouvant louer plus librement M. Bougaud, je serai aussi plus libre de faire connaître son héroïne et d'ajouter, s'il est possible, quelques nuances aux couleurs si vives et si délicates dont il l'a revêtue.

1

« La baronne de Chantal avoit de la beauté et encore plus d'agrémens. Sa taille estoit au-dessus de la médiocre; ses cheveux noirs, son visage rond, ses yeux grands, noirs et vifs, le teint uny et fort blanc. Elle avait les lèvres vermeilles et le sourire charmant; la physionomie majestueuse, tempérée par un grand air de douceur; le regard fort doux et plein de feu et d'esprit. Elle joignait à tous ces charmes extérieurs les plus heureuses qualités de l'esprit et du cœur. Elle possédoit la réunion des vertus qui font une pieuse chrétienne et des agrémens qui rendent une femme aimable. Son âme estoit forte et généreuse; sa douceur et sa modestie incomparables; son esprit cultivé et enjoué; son imagination vive, sa conversation délicate. Les moindres bagatelles devenoient intéressantes dans sa bouche. Elle badinoit quelquefois, mais elle revenoit toujours à quelque chose de sérieux (1). »

(1) Manuscrit appartenant au monastère de la Visitation d'Annecy. Sans être signé de Bussy, cet ouvrage paraît devoir lui être attribué.

C'est le portrait qu'une plume non suspecte, celle de Bussy-Rabutin, l'auteur de l'*Histoire amoureuse des Gaules,* l'aigre satyrique, le persifleur effronté de son temps et de sa famille, trace de sa tante, Mme de Chantal. Quoiqu'elle ait eu l'illusion de voir en lui dès son berceau, « le saint de sa race, » prédiction qui ne s'est guère vérifiée, on pourrait le croire sur parole, tant le peintre était peu accoutumé à flatter ses modèles. Mais, sur ce point, son témoignage est confirmé par les récits de tous les contemporains. A vingt ans, lorsqu'elle épousa le baron de Chantal, issu de cette féconde souche des Rabutin qui « chamarraient l'histoire » depuis l'illustre Mayeul, chevalier du Charolais en l'an de grâce 1147 (1), Jeanne-Françoise Frémyot était citée parmi les personnes les plus accomplies de sa province. On n'admirait pas seulement la pureté de ses traits, ses yeux noirs dont une flamme involontaire trahissait l'ardeur et la fierté, ses lèvres vermeilles, qui préoccupent si fort Bussy ; on admirait surtout son air plein de distinction et de noblesse, tempéré par une réserve exquise ; la rectitude de son intelligence, la netteté et la sagesse de ses jugements, sa piété cachée sous la grâce, ce mélange de force et de douceur, cette rare union des qualités qui rendent une femme aimable avec les vertus qui la font sainte, et dont les amis de son époux avaient été si frappés, qu'ils l'avaient surnommée « la dame parfaite. » Elevée au sein d'une famille qui avait pris cette devise un peu ambitieuse, mais justifiée : *Sic virtus ad astra vehit :* « c'est ainsi que la vertu conduit au ciel ; » elle avait puisé dans l'éducation que lui avait donnée son père, président au parlement de Bourgogne, je ne sais quoi d'énergique et d'ardent, de sensé et de résolu, qui demeura un des traits distinctifs de son caractère. » La foi, dit son biographe, était entrée profondément dans son âme et avait illuminé son intelligence à un âge où la raison sommeille encore. » On raconte qu'un jour — elle avait cinq ans à peine — une vive discussion s'étant élevée devant elle entre son père et un gentilhomme protestant qui niait la présence réelle de N.-S. dans l'Eucharistie, elle s'écria toute émue, en s'adressant au Réformé : « Monseigneur, il faut croire que J.-C. est au Saint-Sacrement, parce qu'il l'a dit : quand vous ne le croyez pas, vous le faites menteur. » Pour la calmer, le gentilhomme

(1) Ce Mayeul, premier du nom, était un sujet de vanité perpétuelle pour son vaniteux descendant, Bussy. En adressant à sa cousine, Mme de Sévigné, la généalogie manuscrite des Rabutin, Bussy s'exprime ainsi :

« Mayeul de Rabutin, le premier de cette maison (au moins de notre connoissance), accompagné d'une assés nombreuse noblesse, va trouver la postérité. Je me suis mis dans la trouppe pour faire ce voyage avec luy, et j'ay creu, Madame, que vous pouviés avoir des raisons de vouloir estre de la partie.

« Quoiqu'il soit un vieux seigneur, je suis asseuré que sa compagnie ne vous déplaira pas, et que vous estimeriés encor plus celle de son père, si vous aviés l'honneur de le connoistre.

« Toutes apparences, Madame, sont que Mayeul de Rabutin estoit déjà de bonne maison, puisque les chartes qui parlent de luy le nomment parmy les grands seigneurs du Maconnois ; mais il est certain qu'il estoit homme d'honneur, puisqu'il vous paraist comme garant de la foy d'un souverain.

« Ainsy, Madame, il me semble que nous devons estre contents de notre naissance, quelque ambitieux que nous puissions estre... Consolons-nous donc au moins de ce que nous sommes de bonne maison... »

Il revient à chaque instant là-dessus. Tout l'honneur de sa maison repose à ses yeux sur un être inconnu dont il sait à peine le nom ; quant à la Sainte qui a illustré celui de Chantal, il la loue en dix lignes et passe dédaigneusement à un meilleur sujet.

lui offrit des dragées; mais elle, les jetant sans hésiter au feu, répliqua aussitôt : « Voyez-vous, Monseigneur, voilà comme les hérétiques brûleront en enfer, parce qu'ils ne croient pas ce que N.-S. a dit. »

Il ne faut pas attribuer à cette saillie enfantine plus d'importance qu'elle mérite. Cependant elle fait assez bien connaître la sévérité des principes qu'elle avait reçus en naissant. Sa foi était avant tout une foi rigide; c'était une foi ferme et précise, comme son caractère, qui n'avait rien de lâche et de vague, qui n'hésitait pas, selon l'expression de l'Ecriture, qui ne marchandait sur aucun détail et dessinait nettement tous ses contours. Elle était entrée de bonne heure dans cette conception éminemment catholique (la seule digne d'une religion positive), qui fait regarder tous les points de la doctrine comme également essentiels, et qui ne permet pas de faire deux parts dans les croyances, les unes obligatoires, indispensables, et les autres secondaires et d'abandon facile. On voit que dès ses premières années elle avait, dans les matières de foi, tracé à son intelligence une règle immuable qui excluait toute élasticité et tout accommodement. Dans ces temps de lutte armée entre les dogmes et les hérésies, cette vivacité de convictions était naturelle, que dis-je? elle était imposée. On était loin de cet éclectisme doucereux dont les chrétiens les plus fervents de nos jours ne sont pas exempts, et qui confond toutes les croyances, sous prétexte qu'elles sont toutes également respectables. Il fallait être de l'Eglise ou n'en être pas : il fallait de ce qu'elle enseigne tout accueillir ou tout repousser. On ne se contentait pas de croire en gros, de réserver le nécessaire et de glisser légèrement sur le reste. On savait que le sentiment religieux n'est rien, si on n'est appuyé sur la vérité, si on ne la veut sans mélange, si on ne répudie tout alliage. Dieu n'a pas allumé en notre cœur la soif du vrai, pour que nous nous abreuvions éternellement aux sources du doute et de l'erreur; il ne nous a point condamnés à nous repaître d'illusions et de chimères, à lui rendre sans fin un culte capricieux et changeant et à poursuivre sa divine lumière à travers les ténèbres, sans espoir de jamais l'atteindre. Non, Dieu n'a pas fait cela; il ne s'est pas joué à ce point de ses créatures. S'il leur a laissé la liberté, c'est qu'il a mis aussi la vérité à leur portée; elles peuvent y aspirer, elles peuvent y prétendre, elles peuvent lui donner toute leur foi et tout leur amour, et elles ont le droit de l'aimer sans partage, parce qu'elle vient de Dieu, et qu'elle est pure et sans tache comme lui.

Est-ce à dire que la piété de Mᵐᵉ de Chantal ait été intolérante? Non, Dieu merci, elle ne l'était pas. On comprendrait bien mal l'esprit du véritable catholicisme, si à côté de la rigueur d'une conviction décidée, ne se trouvait une égale charité pour les personnes. Cette bienveillance large et généreuse qui n'est après tout que le respect profond de la liberté d'autrui, Mᵐᵉ de Chantal la possédait au plus haut degré. Jamais, dans aucune des paroles tombées de ses lèvres et recueillies avec avidité par ses biographes, l'évêque Maupas du Tour, la mère de Chaugy, M. Bougaud, on ne put surprendre un accent ni une nuance qui sentît, je ne dis pas même l'intolérance, mais la domination. Elle attachait un prix inestimable à ce qu'elle croyait être la vérité, et pourtant elle se serait toujours reproché de ne pas témoigner la plus cordiale estime à ceux qui, pour elle, s'en étaient écartés. Il lui fallut dans les premiers moments un secret effort pour dompter la vivacité naturelle de son âme et apaiser dans sa parole l'ardeur quelque peu impérieuse de sa pensée. Mais elle y arriva bientôt et en donna des preuves éclatantes pendant les huit années qu'elle passa, durant son veuvage, au château de Monthelon, près de son beau-père, qui vivait scandaleusement en concubinage avec une de ses servantes, dont il avait plusieurs enfants. Quelque temps avant d'épouser le baron de Chantal, elle était en Poitou, près de sa sœur, Mme de Neufchaize d'Effrans, lorsqu'un jeune seigneur protestant sollicita sa main. Il était aussi distingué par sa naissance que par sa personne, et promettait d'ailleurs de se faire catholique. La splendeur de cette alliance séduisit la famille, qui la pressa d'y consentir. Elle fut inébranlable ; pendant plusieurs semaines elle lutta avec énergie contre sa sœur et son beau-frère, qui redoublaient d'instances et qui ne pouvaient lui arracher le secret de son refus. Elle faisait néanmoins bon visage au jeune homme, « montrant, dit Maupas du Tour, une égalité nompareille, » sans mettre en suspicion les sentiments de son prétendant et sans les discuter. Un jour enfin, poussée à bout, elle répondit ingénuement « qu'elle esliroit plus tost une prison perpétuelle que le logis d'un huguenot, et plus tost mille morts l'une après l'autre que de se lier par mariage à un ennemy de l'Eglise. » Lorsqu'elle habitait après son union avec M. de Chantal le château de Bourbilly, elle prenait part, malgré son austérité naissante, à toutes les fêtes, à tous les divertissements où son mari désirait sa présence ; elle y apportait une gaieté et un enjouement inimitables ; et il était passé en proverbe parmi les gentilshommes et les dames de son cercle qu'il n'y avait point de joie là où Mme de Chantal n'était pas. Plus tard, quand elle fut entrée en religion, peu après la fondation du premier monastère d'Annecy, « il arriva — j'emprunte ce récit à M. Bougaud — qu'une misérable fille qui vivait dans le scandale tomba malade, et comme elle avait abandonné Dieu, les créatures l'abandonnèrent. Quelques dames de la ville, chargées par Mme de Chantal de l'avertir quand elles connaîtraient des malades, vinrent lui parler de cette misérable, ajoutant : « Mais quelle apparence d'aller servir cette abandonnée qui a été si méchante? » — « Au contraire, reprit la sainte, plus elle a fait de mal et plus il faut l'aider à revenir au bien. » Aussitôt elle courut vers cette pauvre créature, qu'elle trouva dans une effroyable misère, si pleine de chancres et de vermine, que cela faisait pitié. Elle avait une fièvre ardente et un gros rhume ; mais comme elle était extrêmement affaiblie, elle ne pouvait cracher. La sainte, avec un linge blanc, lui allait prendre les crachats dans la bouche, sans écouter ses répugnances, la peignait tous les jours pour la nettoyer, et enfin la servit avec tant de charité qu'elle la guérit au corps et à l'âme ; ce qui remplit la ville d'une grande édification (1). » Je ne sais si je me trompe, mais je trouve dans ces traits rassemblés au hasard, plus que de courage

---

(1) On nous pardonnera de citer ces détails. Notre délicatesse ne peut être plus chatouilleuse que celle de tous les auteurs qui les ont rapportés.

de la foi et la passion de la charité ; j'y trouve ces dons divins de la bonté et de la douceur qui respiraient dans le Christ, et qui forment, à proprement parler, la vraie tolérance.

Puisque j'ai prononcé le mot de charité, parlons un peu de celle de Mme de Chantal, au moment où elle entra dans la vie du monde par la porte du mariage.

Parmi les principes dont le XVIIIe siècle revendique orgueilleusement la paternité et qu'il nous a légués comme une conquête dans son testament social, il n'en est pas de plus éclatants, ni dont la fortune ait été plus rapide que celui de l'égalité humaine. Je ne parle pas ici de l'égalité politique ou civile, qui ne peut faire le sujet d'une étude purement historique, mais de cette égalité naturelle des hommes entre eux, abstraction faite de la société et de ses lois. Il semble que nous l'ayons ignorée jusqu'à ce qu'un petit groupe d'hommes hardis ait eu l'audace de lever le drapeau de la nature en face d'une civilisation fondée sur la division artificielle des castes et le respect absurde des privilèges. Je n'examine pas si ce drapeau a remporté de justes et brillantes victoires : tout ce que je sais, c'est que le mot d'égalité avait déjà remué le monde bien longtemps avant d'avoir été inscrit sur ses plis. Il avait été prononcé depuis dix-sept cents ans sur le Calvaire, et toutes les générations qui s'étaient dites chrétiennes lui avaient rendu hommage sous le nom plus modeste et plus doux de charité. C'est parce que J.-C. était mort pour tous les hommes sur la croix, parce qu'il les avait sans distinction embrassés dans sa famille, que tous devaient être frères, s'aimer et se secourir entre eux. Leur âme, animée du même souffle, était destinée à la même fin. Le XVIIe siècle savait cela : il faisait ce que d'autres siècles avaient si merveilleusement fait avant lui : il avait de grandes plaies à fermer, de grandes misères à adoucir, de grandes infortunes à soulager. Lui aussi avait ses patients serviteurs du pauvre, ses visiteurs de la chaumière et de l'établi, ses infatigables *aumôniers*, occupés sans relâche à découvrir toutes les souffrances pour les guérir et toutes les larmes pour les essuyer. Il avait ses fondations pieuses, ses hospices, des quinze-vingts, ses *donnes*, ses *chauffoirs de gueux*, ses libéralités publiques et privées, ses *Pères de la Merci*, son œuvre du rachat des captifs, ses monastères qui distribuaient le pain et le denier de chaque jour à des troupes déguenillées et faméliques ; il avait ses grands seigneurs et ses grandes dames qui épargnaient, selon le conseil donné par Mme de Maintenon à Mme d'Aubigné, la portion du pauvre, et faisaient chaque année largesse du dixième de leurs revenus. Il avait même ses déploiements de munificences fastueuses qui réjouissaient plus l'amour-propre que la charité. Mais il n'avait peut-être pas, le dirai-je ? comme le moyen-âge, ou il avait à un moindre degré qu'aujourd'hui, le sentiment intime et délicat de cette vertu qui découle de l'Évangile. Il voyait dans l'aumône plutôt un devoir qu'un plaisir ; il soulageait l'indigent moins par affection pour lui que par obéissance à la loi. Il se préoccupait bien plus de donner des aliments au pauvre que de lui donner son cœur ; il le regardait comme un frère, mais comme un frère un peu bâtard, déshérité par le père de famille, et qui a mérité jusqu'à un certain point sa sévérité. Telle duchesse fondait avec empressement une maison de repentance ou un asile et le visitait même ; elle n'omettait jamais d'envoyer du blé à ses vassaux pendant une disette et de leur remettre une partie de leurs redevances après une inondation ou une épidémie ; elle serait même descendue dans leur bouge, et se serait arrêtée près de leur galetas ; mais je doute qu'elle s'y soit assise, qu'elle en ait respiré sans dégoût l'air fétide, et je suis sûr qu'elle n'aurait jamais eu la pensée de leur serrer la main, de leur demander dans la santé et l'abondance, s'ils étaient heureux, s'ils avaient la paix de l'esprit et le contentement du cœur, de s'associer tendrement, en un mot, à leurs espérances et à leurs chagrins. Ces hommes étaient si loin d'elle, ils avaient les formes, le langage, les allures, les manières si étranges et si différentes, leur écorce était si rugueuse et si grossière, qu'elle pouvait presque se croire d'un autre sang et d'une autre nature, d'une nature infiniment supérieure à « ces animaux farouches, mâles et femelles, répandus par la campagne, noirs, livides et tout brûlés du soleil, qui ont comme une voix articulée, et qui, lorsqu'ils se lèvent sur leurs pieds, montrent une face humaine, et en effet sont des hommes (1) ».

C'étaient des hommes, en effet, mais si l'on s'en souvenait, on ne s'en souvenait guère. Le monde semblait l'oublier à travers le luxe et les délicatesses de la vie. Combien de nous, hélas ! trouveraient facile un tel oubli, si le frottement inévitable de nos mœurs ne les appelait à la réalité ! La charité chrétienne protestait énergiquement contre ces altières doctrines de l'orgueil humain. Elle rétablissait l'égalité des rangs par l'égalité des devoirs. Saint François de Sales, le maître de la vie spirituelle de cette époque, recommandait à une de ses pénitentes de s'exercer chaque matin à l'humilité, en appelant sa servante *ma mie*. Il écrivait d'Annecy à Mme de Chantal qui était encore dans le monde : « Je suis ici à Dieu, qui est la terre de mon Evêché. Or les sujets étoient anciennement obligés, par reconnoissance formelle, de faire taire les grenouilles des fossés et marécages voisins, pendant que l'Evêque dormoit. Il me semble que c'est une dure loi ; et pour moi, je ne veux point exiger ce devoir : qu'elles crient tant qu'elles voudront, pourvu que les crapauds ne me mordent point, je ne laisserai pas de dormir pour elles, si j'ai sommeil. Non, ma chère fille, si vous étiez ici, encore ne voudrois-je pour cela pas entreprendre de faire taire les grenouilles ; mais je vous dirois bien qu'il ne faudroit pas craindre, ni s'en inquiéter, ni penser à leur bruit. Falloit-il pas que je dise cela, pour témoigner que je suis ému à rire ? »

Les historiens de Mme de Chantal n'ont pas songé à lui faire un mérite de ce qu'elle aussi laissait paisiblement crier les grenouilles, mais je n'en suis pas moins assuré, malgré leur silence, qu'elle partageait sur ce point les sentiments si naïvement exprimés par son saint directeur. Son humilité et sa charité se traduisaient par des actes beaucoup plus éclatants et dont la postérité a gardé mémoire. La terre de Bourbilly, qui lui servit de

(1) La Bruyère, *Caractères*, de l'homme. — Disons, en passant, qu'on a beaucoup abusé de cette citation, qui renferme une exagération évidente de style. Mais en faisant la part du ton déclamatoire, l'impression donnée est assez exacte.

résidence pendant toute la durée de son mariage, était le rendez-vous de tous les pauvres de l'Auxois. Durant l'hiver de 1600 à 1601, si déplorablement célèbre par la famine qui ravagea la Bourgogne, ils accouraient de six lieues à la ronde pour recevoir les vivres qu'elle distribuait elle-même à tous venants. Elle avait transformé son château en hôpital et y avait fait préparer un grand nombre de lits pour les malades et surtout pour les pauvres nourrices, qui, mourant de faim, ne pouvaient plus allaiter leurs enfants. Son four ne suffisant plus, elle en fit construire un second, d'une capacité de trente boisseaux, et uniquement destiné à cuire le pain des indigents. Ce fut l'occasion d'un miracle fort admiré par ses biographes. M. l'abbé Bougaud qui, le premier, a eu communication des procès-verbaux d'enquête dressés pour la canonisation de la sainte et qui a recueilli un ample butin dans ces documents jusqu'alors inédits, en rapporte un autre que je citerai sans commentaire :

« En ce temps là, dit un témoin entendu par les commissaires du Saint-Siège, pendant deux années de cherté et de disette, ladite dame redoubla ses charités et aumônes ordinaires, si bien qu'elle fit vider jusqu'à deux fois ses greniers. Un jour que trois ou quatre pauvres vinrent au château dudit Bourbilly pour demander l'aumône à ladite dame, icelle dame dit à la nommée Marguerite Potot, sa servante domestique, d'aller prendre du grain à l'endroit ordinaire pour en donner aux pauvres. Ladite Potot ayant fait réponse qu'il n'y en avait plus, si vrai qu'elle avait balayé la place la veille, néanmoins ladite dame insistant d'envoyer ladite Potot audit endroit, icelle y fut par obéissance et fut bien surprise, lorsqu'elle y trouva quantité de grains, bien qu'elle n'y en eût point laissé la veille. »

Elle servait les mendiants, dit M. Bougaud, avec autant d'amour que s'ils eussent été ses enfants. L'amour du pauvre, c'était là en effet le trait particulier et original de sa charité. Elle ne voyait pas seulement dans le pauvre son égal ; on aurait pu dire d'elle ce que l'on disait de l'une de nos contemporaines, presque également sainte, également admirable, Mᵐᵉ Swetchine : « Elle considère un pauvre autant qu'un prince. » Elle avait quelque chose de plus difficile, s'il est possible, que l'amour de l'indigent, elle avait la plus délicate considération pour lui. Pénétrée de respect pour le sacrement de la pauvreté, elle soulevait ses haillons sordides avec la même déférence qu'elle aurait mise à toucher la pourpre royale. « Il y a plaisir, répétaient les habitants de Bourbilly, il y a plaisir à être malade, pour avoir les visites de la sainte baronne. » A Monthelon, où elle résida ensuite, les paysans ne l'appelaient que *leur bonne mère* ; ils la nommaient dans leurs prières, ils l'associaient aux Saints dans leurs invocations, et aujourd'hui encore, quand ils récitent leur *confiteor*, ils n'omettent jamais de dire : « Je me confesse à Dieu... à tous les Saints *et à notre bonne Dame.* »

Un jour, on lui amena un pauvre enfant couvert de lèpre et abandonné sur une grande route. Elle le reçut avec une joie extraordinaire, le fit coucher, le nettoya et lui oignit la tête. Pendant sa longue maladie, elle voulut le soigner elle-même, afin d'empêcher ses servantes de prendre la contagion. Lorsqu'elle était retenue près de son beau-père, elle envoyait une fille lui porter ses aliments. Celle-ci déposait précipitamment les mets à portée du malade et se retirait en se couvrant le visage. « Quand madame vient, disait le pauvre lépreux, elle ne se bouche jamais le nez ; elle s'assied près de moi et m'instruit pour mon salut. Mais quand elle ne peut venir, tous les autres m'abandonnent. » Cet enfant succomba quelque temps après. Madame de Chantal le veilla dans son agonie, recueillit sur ses lèvres son dernier soupir et l'ensevelit de ses propres mains.

On multiplierait à l'envi ces citations. Mais il faut se hâter, car, comme le dit fort bien M. Bougaud, on se lasse même à répéter le dévouement et à redire l'amour. Il n'est pas toutefois inutile à la connaissance de cette glorieuse servante des pauvres, d'effleurer en passant cette vertu ineffable qui ne fut cependant, si je puis m'exprimer ainsi, qu'une des moindres distinctions de son âme. Soyons francs : après dix-huit siècles de christianisme, après de si nombreux et dé si éclatants exemples, que notre charité est encore éloignée de ce modèle ! Qu'elle est froide et souvent dure, hautaine, ombrageuse, retrécie et même avare ! Qu'elle est égoïste et facile à rebuter ! Qu'elle est bruyante et quelquefois recherchée ! Qu'elle accueille aisément les excuses de l'amour-propre et les compromis du respect humain ! Elle estime qu'il suffit au pauvre d'un vêtement et d'un morceau de pain, elle croit que lorsque la nourriture matérielle et la nourriture morale lui sont assurées, la libéralité qui les lui procure est généreuse et satisfaite. Elle se dit tout bas qu'il y a de l'insolence au mendiant à désirer quelque chose de plus qu'un toit pour abriter sa tête, et un lambeau d'étoffe pour voiler ses douleurs. Elle répète que la nature l'a enchaîné à jamais entre des besoins et des devoirs, et que, lorsque les premiers sont assouvis, les seconds doivent reprendre sur lui tout leur empire. Elle oublie que l'homme n'est pas seulement un animal plus ou moins policé, que par delà ces impérieuses nécessités du corps, il en est d'autres qui viennent de l'intelligence et du cœur, et que, pour s'élever l'âme a soif d'affection, comme pour respirer la poitrine a soif d'air. Il n'est personne, a-t-on dit, pour qui un peu de superflu ne soit aussi du nécessaire. Pensée aussi noble et délicate qu'ingénieusement exprimée. Le superflu de la charité, c'est l'amitié, c'est la tendresse, c'est cette douce et ingénieuse sympathie qui rapproche le bienfaiteur de l'obligé, qui confond leurs sentiments et les fait vivre du même souffle, de la même vie, c'est en un mot cette divine flamme de l'amour qui, de sa première palpitation à la dernière, embrasa le cœur de madame de Chantal.

II

Lorsque la fille du président Frémyot épousa Christophe de Rabutin, baron de Chantal, (1) celui-ci était un des jeunes gentilshommes les plus distingués et les plus brillants de la noblesse bourguignonne. Il avait passé

(1) Le mariage fut célébré le 28 décembre 1592, au château de Bourbilly, chez le futur, et non pas à Dijon, d'où les troubles de la Ligue avaient chassé le président Frémyot et sa famille.

plusieurs années à la suite d'Henri IV qui le tenait en haute estime. C'était un grand amateur d'estocades, et je crois qu'il faut rabatre quelque chose de l'éloge que Bussy fait de sa douceur, car, à vingt ans, il comptait déjà ses dix-huit duels, non suivis, il est vrai, de mort d'homme, mais qui ne laissent point, on en conviendra, de révéler un caractère légèrement pointilleux et susceptible. « Il avoit esté, dit Bussy dans sa *Généalogie manuscrite*, fort galant jusqu'à ce mariage, mais trouvant en sa fame de grans agrémens de cors et d'esprit, il s'y attacha fortement et elle l'ayma aussy avec des tendresses extraordinaires. Ce qui entretint encor cet amour jusqu'à sa mort furent les fréquentes absences et plus longues que les séjours qu'il faisoit auprès d'elle. Quand il étoit à l'armée ou à la Cour elle se donnoit tout à Dieu ; véritablement quand il retournoit auprès d'elle, elle se donnoit tout à luy. »

Si vous retranchez de ces lignes la réflexion sceptique qui convient bien à l'ingrat amant de Mme de Montglas, vous saurez le vrai sur les sentiments de la sainte pour son mari. Elle l'aimait autant qu'elle en était aimée. En huit années, elle lui donna six enfants. Leur amour était si vif et si solide que jamais le plus léger nuage ne vint l'obscurcir. M. de Chantal avait une confiance si absolue dans la sagacité et les lumières de sa femme, qu'il lui abandonna presque aussitôt après son mariage la gestion de ses affaires, assez compromises par une vie agitée et par la guerre civile, et elle s'en acquitta avec tant de prudence que, lorsqu'elle rendit ses comptes à ses enfants, toutes les dettes étaient payées et le patrimoine considérablement accru. En peu de mois, elle opéra la réforme de sa maison, livrée au désordre et au pillage des gens de service. Elle se levait tous les jours à cinq heures, assistait à la messe et se mettait incontinent au travail. Ses doigts, dit un biographe, ne reposaient jamais. Quand, vêtue d'un *corps* de simple camelot et d'une cotte d'étamine, elle avait visité les cours, les écuries, les autres dépendances du château, elle montait à cheval et parcourait les métairies les plus éloignées. Chemin faisant, elle chantait des psaumes, en s'aidant d'un petit volume qui pendait toujours à l'arçon de sa selle. La tournée faite, elle revenait en hâte à ses chers pauvres et surtout à ses chers enfants. Lorsque les devoirs de la maîtresse de maison et de la mère de famille lui laissaient quelques minutes de liberté, elle lisait la *Vie des Saints* et les *Annales de l'Histoire de France*. Elle réchauffait chaque jour dans ces lectures simples, mais admirables, la ferveur de la foi et du patriotisme qui se partagèrent son existence.

Il ne faudrait pas croire que Mme de Chantal sacrifiât à ces habitudes d'activité intérieure toutes les obligations de la vie sociale. La mesure exacte où celle-ci est compatible avec la dévotion était, on le sait, l'un des problèmes favoris de cette science des âmes que l'on appelait la direction spirituelle au XVIIe siècle. Le moment n'est pas venu de faire connaître les opinions bien tranchées qui divisaient sur ce point les théologiens et les directeurs ; il suffira de dire qu'avant d'aborder les régions avancées de la piété où la guida plus tard le plus illustre d'entre eux, Mme de Chantal s'était imposé une règle de conduite, je dirais volontiers un code des devoirs du monde, qui était d'avance en harmonie parfaite avec les sentiments de saint François de Sales. Elle avait fait, comme le dit Bussy, deux parts de son existence : tant que son mari était près d'elle, l'une appartenait au monde; dès qu'il était absent, l'autre était exclusivement réservée aux œuvres pieuses et de charité. Pendant six mois de l'année environ, le château de Bourbilly retentissait chaque jour du bruit des chasses et des fêtes : le baron y amenait avec lui nombreuse compagnie, les d'Inteville, les d'Espoisses, le marquis de Ragny, son cousin d'Anzely, dont l'arquebuse devait lui être mortelle, et d'autres encore. C'était le temps où tout le monde admirait cet esprit délicat et enjoué que les contemporains louent à l'envi chez la sainte. Quand M. de Chantal retournait à la cour ou à l'armée, sa demeure se fermait, sa femme dépouillait tout le luxe de la veille, et cessait de « s'agencer, parce que les yeux à qui elle devait plaire étaient à cent lieues d'elle. »

Une fois, elle donna de cette prudence et de cette modestie un exemple qui mérite d'être rapporté. Un jeune homme, ami du baron de Chantal, s'était secrètement épris d'elle lors de brillantes chasses auxquelles il avait assisté. Profitant des relations qu'il entretenait avec le mari, il s'installa durant toute une saison à Bourbilly et ne quitta le château que lorsque les convenances ne lui permirent plus d'y demeurer en l'absence du chef de la maison. Cependant, un jour « ce pauvre passionné » selon l'expression de la mère de Chaugy, voulut tenter fortune et vint visiter la jeune femme, qu'il savait être seule. Celle-ci le reçoit avec grâce, sans paraître comprendre l'ardeur de ses discours; mais, le soir venu, craignant quelque violence : « Monsieur, lui dit-elle, je regrette fort que M. de Chantal ne soit pas ici pour vous faire fête et vous entretenir; quant à moi, un devoir imprévu m'appelle ailleurs cette nuit même; mon logis est à votre disposition et mes gens feront en sorte que vous ne souffriez point trop de mon absence. » Ces paroles dites, elle monte à cheval et va passer la nuit chez une de ses voisines.

La mère de Chaugy ajoute que le gentilhomme fut étourdi de l'éclat de cette grande vertu, et qu'il renonça à ses projets coupables. Je le crois sans peine, mais je m'étonne moins encore de l'acte de vertu lui-même que de la délicatesse avec laquelle il fut accompli. Une prude aurait rompu les chiens; elle aurait eu de grands cris, de grands airs et des accents d'une indignation sublime; elle aurait été sublimement ridicule; car, au fond de tout cela, derrière cette voix irritée, il y a toujours pour l'amour-propre un certain chatouillement et un secret plaisir; elle aurait pu tout perdre d'ailleurs, car les éclats appellent la violence, et les jeunes seigneurs d'alors faisaient assez peu de cas des édits sur le rapt, témoin Bussy, qui osa enlever en plein jour Mme de Miramion : une femme vraiment vertueuse fait moins de bruit; elle ne gesticule pas, elle ne s'indigne pas, elle demeure sereine, mais le calme de son visage atteste le calme de son cœur, et en contenant les flots de la passion qui montent, en lui commandant le respect, elle sait encore gagner l'estime de celui dont elle repousse l'amour.

III

Mᵐᵉ de Chantal vivait ainsi paisible, entourée de l'amour de sa famille
et du respect de tous, lorsqu'un évènement terrible brisa soudain son
bonheur. Dieu a des desseins impénétrables qu'il faut adorer en silence,
sans chercher à les expliquer sur l'heure. Il la frappa dans ce qu'elle avait
de plus cher au monde, dans son mari. Le baron de Chantal venait à
peine d'échapper à une maladie dangereuse qui l'avait retenu pendant
plusieurs mois sur son lit, lorsque, dans une partie de chasse, l'impru-
dence d'un de ses parents, M. d'Anzely, lui porta un coup mortel. Trans-
porté dans son château, près de sa femme qui relevait de couches, il
expira, au bout de huit jours, entre les bras de la sainte éplorée. Il est
inutile d'essayer de décrire les scènes de deuil qui suivirent : des historiens
s'y sont complus ; d'autres, plus réservés, comme M. Bougaud, se sont
trouvés muets devant l'expression d'une douleur qui épouvanta, disent
les contemporains, tous ceux qui dans ces jours lugubres purent appro-
cher Mᵐᵉ de Chantal. Le président Frémyot fut obligé de venir lui-même
arracher sa fille aux lieux funestes dont la vue cruelle redoublait ses
souffrances. Il l'amena chez lui, à Dijon, et ne se sépara d'elle que plus
d'un an après, lorsqu'elle s'imposa le devoir d'aller vivre près de son
beau-père, au château de Monthelon. Ces événements se passaient en 1601 ;
cette date est la plus mémorable de l'existence de Mᵐᵉ de Chantal. Déshé-
ritée des joies du monde, elle chercha depuis ce jour un refuge dans le
sein du Consolateur suprême, dans le sein de Dieu.

Ah ! diront les sceptiques qui cherchent partout l'effet dramatique de
rigueur dans un roman, voilà le coup de la grâce, voilà ce que les âmes
benoîtes appellent l'inspiration, l'intuition, l'entraînement divin ; voilà
comment les vocations naissent et comment le cœur, blessé dans ses tendresses humaines, se tourne de désespoir vers le ciel et fait son pis-aller
de Dieu. Le dépit, voilà le secret du miracle chez les âmes tendres, comme
l'humiliation est celui de la métamorphose des âmes orgueilleuses et
fortes : la foi n'a pas de plus puissants auxiliaires et l'histoire religieuse
n'a point d'exemple d'autres conversions. Qu'est-ce qui fait les dévôts et
qu'est-ce qui peuple les couvents ? La candeur d'un âge ignorant et facilement abusé, un amour trompé, une ambition déçue ou le repentir de
trop aimables faiblesses. C'est là le domaine de la religion ; qu'elle n'en
cherche pas d'autres ; elle ne saurait régner au-delà. Ceux-là ne connais-
sent guère les mystérieuses aspirations de la foi, qui lui assignent d'aussi
dédaigneuses limites ; le malheur est qu'elle se joue de leurs barrières et
de leurs passeports. On ne peut assez admirer cette science profonde qui
fait l'intelligence humaine si pesante qu'elle ne puisse jamais se dégager
de la terre et remonter librement à son auteur. On ne peut surtout assez
admirer la simplicité de cette règle invariable à l'aide de laquelle le plus
novice de nos élèves de logique peut prendre la mesure de toutes les convictions et expliquer les mouvements les plus subtils de la conscience.

Doctrine étrange qui prétend saisir ce qu'il y a de plus insaisissable dans
l'homme, qui croit à l'infini de la pensée et ne veut pas croire à l'infini
de la foi, qui a l'orgueil d'analyser tous les sentiments et les réduit ici à
un seul, l'amour-propre, qui anatomise l'âme immortelle et l'abaisse au
rang d'un organe fait de muscles et de sang, condamné au service de
deux ou trois fonctions !

Eh bien ! non : ceux-là ne trouveront ici ni coup de la grâce, ni révéla-
tion du ciel, ni révolution subite, pas même le conseil le plus affaibli de
la passion la plus légitime et la plus sincère, ou tout au moins il est inutile de recourir à ces influences dominatrices pour expliquer la conduite
de Mme de Chantal à partir de la mort de son mari. Elle ne changea point
sa vie, par l'excellente raison qu'elle n'avait rien à y changer. Elle ne se
fit pas dévote, comme on dit, parce qu'elle l'était déjà. Son amour de la
retraite et de la charité seul redoubla. Elle avait alors 29 ans : sa beauté,
sa naissance, sa fortune, ses vertus surtout la rendaient encore l'objet des
admirations du monde, lorsqu'elle voulut d'elle-même s'y soustraire ; et,
— qu'on veuille bien le remarquer — l'emportement de ses regrets ne fut
point la seule cause de sa résolution, puisque, de la mort de M. de Chantal
à la fondation du premier monastère d'Annecy, huit années s'écoulèrent,
huit années qui sont peut-être, à mes yeux, les plus admirables qu'elle
ait vécues, puisqu'elle sut pendant ce temps résoudre, sous la direction
d'un saint, il est vrai, le difficile problème d'une vie strictement religieuse au sein des devoirs de la famille et des obligations du monde.

IV

Ce saint, je l'ai déjà nommé, c'est l'évêque de Genève, c'est saint
François de Sales. Appelé par les échevins de Dijon, il vint prêcher le
carême de 1604 dans cette ville, et y rencontra pour la première fois
Mme de Chantal. Chose merveilleuse ! celle-ci reconnut, dit-on, dans ses
traits, une image qui lui était apparue plusieurs années auparavant, et,
de son côté, le saint Évêque crut apercevoir en elle la pénitente qu'une
extase lui avait autrefois annoncée (1). Comme celles de saint Dominique

---

(1) Cette double vision, tenue pour constante par tous les biographes de sainte Chantal, a été
maintes fois révoquée en doute. On l'a d'abord déniée, puis on a cherché à l'expliquer par des
causes purement naturelles. Voici, en quelques mots, ce que rapporte la tradition :

Un jour, tandis qu'elle parcourait les environs de Bourbilly, Mme de Chantal aperçut devant elle
un étranger vêtu en évêque, et une voix lui dit en même temps : « Voilà le guide que Dieu te des-
tine. » A la même époque, saint François se trouvant dans la chapelle du château de Sales, eut une
extase au milieu de laquelle il distingua une jeune femme, vêtue d'habits de deuil, dont le visage
resta profondément gravé dans son souvenir. La première fois qu'il monta dans la chaire de la
Sainte-Chapelle, à Dijon, il reconnut les traits de cette femme dans Mme de Chantal. L'Église, qui
examine avec une scrupuleuse attention tous les faits qui paraissent, comme celui-ci, avoir un caractère surnaturel, ouvrit une enquête spéciale sur ce point. Les commissaires apostoliques chargés
d'instruire la canonisation de la Bienheureuse, entendirent de nombreux témoins qui tous confir-
mèrent le récit fait par la Sainte.

Il est donc fort difficile d'admettre l'explication que donne M. Alfred Maury dans un récent
ouvrage, *le Sommeil et les Rêves*. Cet écrivain suppose que la vision de Mme de Chantal a eu

et de saint François d'Assises ; leurs âmes se devinaient avant de se connaître ; elles avaient le divin pressentiment de leur commune vocation.

Il y avait deux ans à peine que le successeur de Claude de Granier s'était assis sur le siège épiscopal de Genève, mais son apostolat dans le Chablais l'avait déjà depuis longtemps rendu célèbre. Son éloquence si douce, si entraînante et si persuasive l'avait déjà placé au rang des premiers orateurs chrétiens. Sa mansuétude achevait de lui gagner tous les cœurs. Des foules immenses s'attachaient, ravies, à ses pas ; elles remplissaient les églises où l'on annonçait sa parole, elles assiégeaient les abords de son confessionnal. Il en était accablé, dit M. Bougaud. Mais s'il en perdait quelquefois la force, il ne perdait ni la patience, ni la sérénité. « Ce sont des enfants, disait-il, qui courent au sein de leur père. Une poule se fâche-t-elle quand ses poussins se jettent tous à la fois sous ses ailes ? Elle étend au contraire le plus qu'elle peut ses ailes maternelles pour les couvrir tous ; et mon cœur aussi me semble se dilater à mesure que le nombre de mes chers enfants s'accroît autour de moi. » Et il ajoutait : « Je les veux tant aimer, ces chers enfants, je les veux tant aimer ! »

Quoiqu'elle se sentît vivement attirée vers lui, Jeanne Frémyot ne fit pas tout d'abord comme ces enfants dont François de Sales parle avec tant de grâce ; elle ne courut pas, dès le premier jour, se placer sous sa direction. Son âme forte et prudente craignait de céder à un attrait humain ou passager ; elle n'entreprenait rien à la légère, elle ne voulait rien donner au caprice ; elle était en outre retenue par un scrupule, celui de blesser le guide à qui elle avait confié la conduite de sa vie. Cependant après de longues hésitations, elle se hasarda à entretenir saint François de Sales qui fréquentait la maison du président Frémyot et à lui ouvrir sa conscience. Ce ne fut pas toutefois sans difficultés : les femmes, disait le Saint, ont souvent des curiosités inutiles. Si son confesseur était absent, que n'attendait-elle son retour ? Néanmoins, il finit par y consentir, et l'âme de la jeune veuve lui apparut dans ce moment si pure, si candide et si belle, il fut inondé d'une si vive et si douce lumière qu'il sortit pensif et ému, « ne sachant ce que cela vouloit dire. »

A dater de ce jour, Mme de Chantal ne résista plus à l'impulsion secrète de la Providence. Elle n'eut plus qu'un désir, elle ne se proposa plus qu'un but, se détacher de la direction qu'elle avait imprudemment choisie, parce qu'elle ne convenait ni à sa perfection ni à ses destinées, et se placer sous la tutelle de saint François de Sales. Mais ce n'était pas chose facile. Les scrupules l'envahirent ; elle avait promis à son premier directeur de ne jamais le quitter, et en découvrant son âme à l'évêque de Genève, elle croyait être infidèle à son vœu. Enfin, un homme d'une rare piété, le P. de Villars, recteur du collège des Godrans, la tira de ces inexprimables angoisses. Il calma les agitations d'un cœur trop ingénu malgré sa forte

---

lieu dans un songe, et il pense que son imagination, frappée à son insu par un portrait du saint évêque, a pu reproduire dans le sommeil l'image qu'elle avait vue précédemment. Cette supposition est formellement contredite par le témoignage des contemporains et la narration de tous les biographes.

trempe pour ne pas être puissamment troublé, et lui prouva qu'une promesse indiscrète ne saurait, en un sujet si délicat, obliger à tout jamais la conscience. Saint François fut le dernier à être convaincu ; il résista tant qu'il douta de la volonté divine, et ce ne fut qu'après une longue et admirable correspondance, dont malheureusement la meilleure partie a disparu, qu'il se décida à accueillir la timide transfuge qui venait s'abriter sous son aile.

V

.Il n'est pas, je crois, dans l'histoire de l'Eglise, une époque où l'on se soit plus préoccupé de la direction spirituelle que le XVIIe siècle. Aujourd'hui, le mot lui-même nous est étranger, il frappe nos oreilles comme un son nouveau, inconnu. Quel est l'homme ou la femme du monde qui en pénètre le véritable sens, qui en saisisse l'exacte application ? On sait que la pénitence est un devoir imposé au chrétien par sa foi, accepté par sa conscience, justifié par sa raison ; malgré toutes les révoltes de l'orgueil, nous nous y soumettons, parce que nous savons que sans elle il n'existe pas de justification. Mais prévenir ce que ce remède divin a pour mission de réparer, mais régler sa vie de manière à la purifier sans cesse, à la rendre plus utile et moins imparfaite, mais gravir sans relâche la rude voie de la perfection chrétienne, voilà ce dont nous n'avons plus aujourd'hui qu'une vague idée, qui tend à s'affaiblir tous les jours.

Qu'on ne suppose ici ni préoccupation chagrine, ni tendance secrète à l'ascétisme. Ces lignes n'ont pas la moindre prétention doctrinale, la plume qui les trace n'est celle ni d'un moine, ni d'un théologien, elles expriment humblement une pensée toute profane, entièrement laïque. Elles ne cherchent pas à établir un amer parallèle, elles se proposent de décrire un coin de l'histoire, non de stimuler la dévotion. Eh bien ! pourquoi ne le diraient-elles pas ? Dans le tumulte de notre vie haletante et tourmentée, il reste aujourd'hui bien peu de place pour le retour sur soi-même, pour l'étude du moi intérieur, pour la réflexion. Qui de nous, au milieu du torrent qui l'emporte, peut trouver ce loisir moral, cette liberté d'esprit, ce silence des passions, nécessaires pour interroger son âme et sonder les replis fuyants de sa conscience ? Quand on court sans cesse après la fortune ou le plaisir, a-t-on le temps vraiment, aussi bien que la volonté, de donner un regret aux fautes du passé et de préparer à sa vie les voies de l'avenir ? Non : l'on regarde son voisin et, à cette comparaison, l'on s'estime encore assez soi-même. L'important, ce n'est pas d'être meilleur, c'est de ne point paraître plus mauvais que les autres. On s'habitue à prendre l'opinion comme la règle unique de sa conduite, et, si ce niveau commun s'abaisse, si l'opinion vient à s'affaiblir et à s'altérer par un excès d'indulgence, la moralité privée descend aussitôt sans remords avec elle.

Sur cette pente facile, — est-il besoin de le dire ? — l'âme humaine s'engourdit et se dégrade. Négligée, elle se néglige ; fatiguée d'elle-même, elle se répand au dehors pour se fuir. Quand l'homme est poussé en avant par le souffle impétueux des affaires, il s'y enfouit et disparaît. Une sorte de vertige l'entraîne, il ne s'appartient plus, il n'a plus conscience de son individualité morale, il perd, dans une course effrénée où le meilleur de son âme n'a aucune part, les suaves et délicates récompenses de la vie.

Lorsqu'au contraire son activité est dépourvue d'objet, lorsqu'il n'a ni le courage du travail, ni la force du plaisir, lorsqu'il est livré, sans une céleste lumière, à la seule considération de son être, il n'éprouve que deux sentiments également tristes : l'un est le sentiment de son infortune, il a le désir d'un bonheur vague qui lui échappe ; l'autre est le sentiment de sa bassesse, il voudrait être grand, illustre, important, il se trouve petit, misérable, inutile. Son esprit s'allanguit et se décourage ; c'est une maladie bien commune de nos jours, on l'appelle l'ennui.

Nous vivons ainsi pour nous-mêmes et dans les autres ou hors les autres ; le vrai chrétien fait tout le contraire, il vit dans lui-même et pour les autres. La perfection évangélique s'acquiert par la réforme incessante de l'être intérieur et par le développement de la charité. Sans ce travail persévérant, qui est, à proprement parler, l'hygiène de l'âme, nous pouvons aspirer à l'illustration ; nous n'atteindrons jamais la véritable force et la véritable grandeur. Il y a aujourd'hui des hommes qui portent en eux la semence des plus vastes choses, et dont le front majestueux est marqué du signe d'une vocation sublime. La nature leur a prodigué tous ses dons ; ils ont un cœur large, une imagination féconde et splendide, une intelligence capable de concevoir l'idéal et une volonté assez forte pour l'atteindre ; leur regard a cette puissance fascinatrice qui attire et domine les foules ; ils disposent des plus grands moyens d'action dont l'homme puisse disposer, ils ont une parole, une plume, un pinceau, une épée ; ils dompteraient l'univers, s'ils savaient dompter leur cœur, ils pourraient tout sur le monde, s'ils pouvaient quelque chose sur eux-mêmes. Eh bien ! tandis que leurs jours s'effeuillent misérablement au vent des passions, sous les orages du cœur, tandis que cette éloquence et cette poésie et tous ces trésors de leur grande âme s'épuisent dans la stérilité, pour aboutir au dégoût des plaisirs et aux désenchantements de l'ambition, un homme passe à côté d'eux, ignoré de la foule et méprisé de lui-même ; il a fui la gloire et s'est contenté de poursuivre obscurément le bien. Il est descendu en lui, il a interrogé le dernier fond de son être, ce fond qui échappe au regard et à l'appréciation du monde ; il a émondé de l'arbre toutes les branches attaquées ou inutiles, et, à force de décision, de surveillance, de luttes héroïques, il est arrivé à être maître de lui-même. Loin de l'abattre, la conviction de son propre néant lui a donné la force, l'humilité lui a fait découvrir ses infirmités cachées, et la prière a appelé à son aide une main divine pour les guérir. Auparavant, il était agité, troublé, inquiet ; ses joies sentaient la fièvre, son âme errante ne savait où se fixer. Le voici dans la solitude, le soir s'est fait au dehors. Tout à ses côtés est silence, obscurité. Mais au dedans brille une pure et inaltérable lumière. Les heures s'enfuient ; il ne songe pas à les retenir, car il a trouvé le bonheur dans le calme de l'âme. Disparaissez, fausses jouissances, folles vanités, ambitions dévorantes, vous n'êtes rien en face de cet humble chrétien qui possède la foi et l'amour. Purifié par le recueillement, transfiguré par le sacrifice, il touche enfin à ces hautes et sereines régions où vous n'avez pas d'accès. Il goûte en même temps le charme du mystère et le grand jour de la certitude ; à travers un doux crépuscule, il aperçoit le reflet de la clarté incréée; son bagage s'est allégé : l'orgueil qui enfle est abattu, le monde lui a retiré ses lourdes faveurs, le poids des remords a été emporté par le pardon et les larmes, et au fond de son cœur, dépouillé de tout, la paix règne en souveraine.

Nous ne prétendons pas que le XVII° siècle ait toujours atteint cet idéal. Les passions étaient trop fougueuses, les ambitions étaient trop ardentes, les mœurs elles-mêmes étaient souvent trop voisines de la licence, pour que toutes les âmes aient rencontré une perfection si difficile. Ce que l'on peut dire seulement, c'est que la science de la vie intérieure fut alors plus répandue qu'en aucun autre temps. Elle nous a laissé des monuments admirables qui furent rarement aussi nombreux. Si la surface de l'âme était souvent peu chrétienne, le fond l'était généralement. Il ne fallait qu'une occasion pour rallumer la flamme qui s'y cachait. Tous ne recouraient pas également aux pratiques spirituelles, mais presque tous en reconnaissaient l'efficacité. Les existences les plus frivoles et les plus agitées au dehors se réservaient à certains intervalles un jour, une heure, qu'elles mettaient à profit pour la conscience. Quelquefois, sous un choc inaperçu, elles rompaient brusquement avec le monde et s'envelissaient dans la retraite. Jamais, à aucune époque, on ne vit de plus éclatants repentirs, de pénitences plus soudaines, de conversions plus illustres et plus sincères, de plus belles et de plus saintes morts. L'histoire est là pour attester la vérité de nos paroles par la multiplicité de ses exemples.

Le XVII° siècle avait fait de la vie intérieure non seulement une habitude, mais une science, presque un art. La direction des âmes, c'était la vie intérieure gouvernée et perfectionnée. Dans la langue des maîtres de cette science, ce mot n'impliquait aucune de ces pratiques étroites, de ces exagérations de zèle avec lesquelles on confond volontiers la vie chrétienne de nos jours. Il n'y a rien de moins mesquin, de moins superstitieux, de moins efféminé, de moins routinier que la dévotion enseignée par saint François de Sales, par Bossuet ; par Fénélon, par le cardinal de Bérulle, par le P. de Condren, par le P. Le Jeune, par les guides nombreux qui se formèrent à leur école (1). Si la discipline morale qu'ils recommandent étonne aujourd'hui notre faiblesse, si cette curieuse recherche de la perfection nous parait supérieure à l'humanité, il ne faut nous

_____

(1) Il faut joindre à cette liste très-abrégée un nom beaucoup moins connu, mais aussi digne de l'être, celui de Sébastien Zamet, qui occupa le siége épiscopal de Langres de 1614 à 1655, pendant la plus belle moitié du XVII° siècle. Ce saint prélat, dont le diocèse de Langres a encore conservé le souvenir, fut chargé, à la mort de saint François de Sales, de diriger l'abbaye de Port-Royal, dont la mère Agnès Arnauld était supérieure. Il entra ainsi en relations avec sa sœur, Marie-Angélique Arnauld, qui fut placée en 1633 à la tête d'un nouvel institut de religieuses, la maison du Saint-Sacrement, dont Zamet eut pendant quelques années la direction. Il était en même temps aumônier de la reine Anne d'Autriche, et entretenait avec les personnes les plus considérables de la

en prendre qu'aux secrètes répugnances de notre âme, étrangère à toute
hygiène philosophique et à toute culture spirituelle. Leurs conseils, hélas !
portent plus haut que nous. Mais nous ne saurions les accuser de quin-
tessence ou de puérilité sans en méconnaître étrangement la sagesse à la
fois simple et virile. Aujourd'hui encore, si nous pouvions nous dépouil-
ler brusquement de certains préjugés, et si nous changions quelques termes au langage de saint François de Sales, par exemple, nous verrions
avec quelle justesse ses avis s'appliquent à notre temps, à nos mœurs, à
nous-mêmes. Nous ne saurions lequel admirer davantage de son bon sens
ou de sa pénétration, du tact avec lequel il découvre les misères du cœur
humain ou de la tendresse exquise dont il use pour panser ses plus infimes
blessures. Cette tendresse même est discrète, elle n'excède pas un instant
le droit rigoureux de la direction. Elle sait, comme le dit Fénélon, qu'il ne
doit jamais y avoir rien que de modeste, de sérieux et d'édifiant dans ces
entretiens où il s'agit purement de la vie éternelle. Elle ne sacrifie point
la prudence au zèle, et veut avant tout être mesurée. Elle se tient en garde
contre les séductions de la spiritualité elle-même, et n'ignore pas
qu'entre personnes d'un sexe différent les sentiments les plus purs à l'origine peuvent devenir petit à petit des pièges dangereux. Aussi, pour être
ardente, sa charité ne s'amollit pas, elle ne raffine point, elle prend ses
précautions contre les illusions du cœur et les attraits voilés des amitiés
spirituelles. Son style naïf montre une simplicité aimable, mais reste toujours au-dessus des grâces profanes. Il ne songe qu'à parler en bon
homme, pour consoler, éclairer, perfectionner son prochain. On peut
s'adresser à lui dans toutes les difficultés que soulève la vie du monde,
on en recevra toujours un avis plein de tact, de franchise, de modération et d'expérience ingénue. Chose admirable ! cette imagination si vive,
ce cœur si ardent pour lequel le mysticisme le plus élevé n'avait point de
secrets, cachent la raison la plus solide, la connaissance la plus délicate
et la plus approfondie des infirmités humaines. Il semble qu'il ait tout
connu, tout éprouvé, qu'il ait senti par notre cœur et vécu de notre vie.

On a beaucoup loué la douceur de saint François de Sales, mais on n'a
pas toujours fait le même éloge de sa fermeté. Cet oubli n'est-il pas in-
juste ? Doux, il était par caractère et par vertu, il l'était aussi par cette
conviction profonde que les hommes ne se conquièrent que par la douceur. « Tout par amour, répétait-il sans cesse, rien par force. » Il ajoutait
souvent : « aux bonnes salades il faut plus d'huile que de vinaigre et de
sel. » Cependant, il était loin d'être faible, et comme le remarque judi-
cieusement M. Bougaud, il le prouva bien dans sa correspondance avec le
duc de Savoie et le duc de Nemours, et dans la direction qu'il donna aux
âmes les mieux trempées de son temps, à M. de Rochefort, à son ami le
président Favre, à Mme de Chantal, à Mlle de Bréchard, à la mère Angélique
Arnault de Port-Royal, cette femme altière et indomptable qui, à peine

cœur une volumineuse correspondance dont on a sauvé quelques fragments. M. Carnandet les a
recueillis en y joignant les avis spirituels adressés par le saint évêque aux Ursulines de Dijon (1 vol.
in-18, Dijon, Maitre, éditeur, 1858). A côté de l'intérêt qu'elles peuvent offrir aux personnes pieuses,
ces lettres présentent aussi un intérêt littéraire incontestable.

laissée à elle-même, courut se perdre dans l'hérésie. Il les mena toujours, dit l'historien de sainte Chantal, et ne fut jamais mené par elles. « Pour moi, écrivait la mère Angélique, je vous déclare que jamais M. de Genève ne m'a paru mollet, comme plusieurs ont cru qu'il était. » Une telle opinion conclut, dirait Pascal. Si sa mansuétude est plus connue, c'est qu'il rencontra plus d'occasions de la faire connaître. D'après saint Bernard, l'office de la charge des âmes ne regarde pas les âmes fortes, car celles-là *vont à leur propre pied ;* il regarde surtout les âmes faibles et languissantes, qu'il faut soutenir et porter sur les épaules de la charité. Plus promptes à s'abattre, elles ont aussi plus que les autres besoin d'être relevées, et la main qui les guide doit être, avec ménagement, plus vigoureuse et plus virile.

C'était là peut-être, — qu'il soit permis de le dire en passant, — un des périls cachés de la direction, un de ceux contre lesquels les maîtres de la vie spirituelle devaient plus soigneusement se tenir en garde. Il y avait à craindre qu'à force de troubles et de scrupules, ces âmes allanguies et énervées par des luttes incessantes, ne s'abandonnassent sans réserve à autrui, et ne cherchassent leur repos dans leur propre abdication. La réforme intérieure est une gloire, mais c'est un labeur aussi. On trouve une certaine jouissance à ne plus s'appartenir, parce qu'on ne sent plus alors le poids de la responsabilité. On s'accommode volontiers d'un état passif, voisin de la torpeur, pourvu que l'on n'éprouve ni les dégoûts de la tentation, ni la fatigue de la lutte, ni l'humiliation qui suit les premières défaites. On ne redoute pas de s'endormir, si un œil vigilant s'offre à veiller sur notre sommeil. Saint François de Sales, Bossuet surtout après lui, réagissaient vivement contre cette tendance qui, sous le voile de l'humilité et de l'abnégation, conduisait directement à la lâcheté morale. « Soyez fortes, soyez courageuses, tenez-vous en haleine, répète à chaque instant l'évêque de Genève, à ses filles de la Visitation ; si votre désir (votre volonté) est excessif, il faut le corriger, mais ne point le rompre... Tenez vos yeux bien ouverts pour déraciner vos mauvaises inclinations, surtout travaillez tant que vous pourrez pour fortifier la partie supérieure de votre esprit, ne vous amusant point aux sentiments et consolations, mais aux résolutions... » Et ailleurs : « J'abonde un peu en dilection, dit-il. Il a plu à Dieu de faire mon cœur ainsi. Mais néanmoins j'aime les âmes indépendantes, vigoureuses, et qui ne sont pas *femelles.* » Zamet tient le même langage aux Ursulines : Je vous prie, élevez toujours vos novices dans la force, parlez-leur souvent de la conduite qu'elles doivent avoir sur toutes choses... Plus la vérité est éprouvée, plus elle est forte... Il n'y a rien de plus pernicieux, ni qui produise tant de maux, qu'une trop grande pusillanimité... Que les âmes se donnent garde d'une si insupportable captivité. Telles personnes ne sont bonnes à rien qu'à faire beaucoup de peine à soi-même et à autrui. »

On voit maintenant ce qu'était un directeur, et quelle prudence consommée il était nécessaire d'exiger de lui. « Choisissez-en un entre mille, dit Avila, et moi, s'écrie saint François de Sales, je dis entre dix mille, car il s'en trouve moins que l'on ne saurait dire qui soient capables de cet office. » On trouve facilement un bon confesseur ; un directeur tout au contraire. Sa mission n'usurpe aucun des droits réservés au tribunal de la pénitence. A l'un on doit l'aveu de ses péchés, à l'autre la confidence des tribulations secrètes et des troubles de l'âme. Le premier a pouvoir d'absoudre les fautes commises, il appartient au second d'empêcher de les commettre. Celui-là, si l'on peut s'exprimer ainsi, a droit de pénalité, celui-ci a simplement droit de conseil. C'est un ami, un confident, qui pénètre dans le domaine intérieur et qui applique aux infirmités cachées le remède qui leur convient. La morale chrétienne s'adresse également à tous, mais par delà les devoirs généraux qu'elle impose, il est pour les âmes curieuses de perfection des règles de conduite particulière à la piété, qui se modifient selon les natures et les tempéraments. C'est l'ensemble de ces règles qui constitue à proprement parler le code de la vie spirituelle, et leur application prudemment variée d'après les besoins de chacun, a reçu dans la langue du grand siècle le nom de direction.

Encore une fois, ces distinctions peuvent nous paraître subtiles, tant les idées qu'elles supposent nous sont devenues étrangères. Elles ne l'étaient pas à cette époque où l'indiscipline des mœurs n'excluait pas le perfectionnement religieux des esprits. A ce titre, elles ont à nos yeux une importance historique que l'on a trop dédaignée.

Il s'opérait alors dans les consciences un grand mouvement qui ranimait partout la foi catholique. On avait vu successivement apparaître saint Pie V, saint Ignace, saint Charles Borromée, saint Philippe de Néri, saint François-Xavier, sainte Thérèse, saint François Régis, le bienheureux Fourrier, le cardinal du Perron, et tant d'autres dont les prédications ardentes avaient rallumé dans toutes les contrées, mais principalement en Italie, en France et en Espagne, les flammes de la piété antique. La révolte de Luther avait été le signal d'une rénovation presque universelle. L'état religieux se relevait de ses ruines, les couvents se réformaient et se repeuplaient, l'ordre sacerdotal refleurissait, sur la souche à moitié déracinée des vieilles abbayes venaient se greffer de jeunes congrégations pleines de vie, de charité, de dévouement, de ferveur. César de Bus fondait celles des Pères de la doctrine chrétienne, les Jésuites rouvraient leurs colléges de nobles, les Carmélites franchissaient les Pyrenées, et le cardinal de Bérulle jetait les premières assises de l'Oratoire. Les chaires étaient envahies ; les missions se répandaient jusque dans les plus misérables villages ; sous la direction du P. Eudes en Normandie, de Michel le Noblez en Bretagne, de Grignon de Montfort dans le Poitou, une foule de jeunes prêtres se lançaient, brûlants de zèle, à l'assaut de l'hérésie et à la conquête des âmes. L'un d'eux, au nom encore obscur, Vincent de Paul, allait ramasser dans le bagne d'Alger, les chaînes d'un pauvre captif qu'il rachetait ainsi au prix de sa propre liberté ! Comment le monde se serait-il soustrait à cet entraînement régénérateur ?

Aussi la direction des âmes devint-elle bientôt pour le sacerdoce une charge des plus occupées. Elle donna naissance à une littérature spéciale, littérature exquise et fortifiante que nous aurions aujourd'hui peine à comprendre parce qu'elle demande, pour donner tout son fruit, une saison propice (1). Elle suscita des hommes qui se vouèrent à la conduite spirituelle comme d'autres se vouaient à la prédication. Nous connaissons déjà les plus célèbres, mais combien d'autres se distinguèrent à leur suite? Sans parler du Jésuite Le Jeune, qui dirigea la duchesse de Longueville pendant son séjour aux Carmélites, et du P. de Condren, qui fut le second général de l'Oratoire, citerons-nous le P. de Bourgoing, son successeur immédiat à la tête de la congrégation ; M. Gallemant, docteur de Sorbonne, curé d'Aumale et premier supérieur des Carmélites de France ; le P. Benoît de Canfelde, qui aida Mme de Beauvilliers à introduire la réforme dans l'abbaye de Montmartre ; le P. Ange de Joyeuse, le P. Bance, le P. Gault, mort en odeur de sainteté à Marseille où ses vertus l'avaient porté à l'épiscopat ; Claude Bernard, surnommé le *pauvre prêtre*, le Vincent de Paule dijonnais, qui mourut la même année que Sainte Chantal ; le P. Gibieuf, savant oratorien un des correspondants de Descartes ; Dom Laurent, Bernard, de la congrégation de Saint-Vannes, que tout Paris venait consulter ; M. de Soulfour, et surtout l'illustre André Duval, doyen de la Faculté de Théologie, professeur à la Sorbonne, aimé et respecté de Saint François de Sales qui le conseillait à chacun pour directeur? Noms autrefois célèbres, oubliés aujourd'hui, mais qui furent longtemps entourés du respect des âmes pieuses, et qui éveillent encore chez les rares héritiers de leurs traditions, un souvenir de sagesse, de rectitude, de bon sens élevé, de vertus libérales et fécondes.

VI

Nous avons vu jusqu'ici Mme de Chantal partagée entre les devoirs du monde et les pratiques de la dévotion chrétienne, et la vie qu'elle mena

(1) Si l'on désirait avoir quelques échantillons pris au hasard de cette bibliothèque spirituelle, on pourrait lire :

L'Introduction à la Vie dévote, de saint François de Sales ;
Les *OEuvres de Louis de Grenade* ;
Les *petits Traités de Morale*, de Nicole, qu'affectionnait tant Mme de Sévigné ;
Les *Lettres spirituelles*, de Fénelon ;
Les *OEuvres* de Mgr Camus, évêque de Belley ;
Les *Lettres de piété et de direction*, écrites à la sœur Cornuau, par Bossuet ;
Le *Traité de la Concupiscence*, du même auteur ;
L'Académie des Afflictions, du président Odebert, Dijon, 1656 ;
Les *Lettres chrétiennes et spirituelles*, de Lemaistre de Sacy ; on sait qu'il était janséniste ;
Le *Traité de l'Amour de Dieu*, de Bossuet et celui de saint François de Sales ;
Le *Traité de l'Affliction*, par le P. Ribadeneyra ;
Les *Peintures morales*, par le P. Lemoyne, 1668 ;
Le *Catéchisme de sainte Thérèse*, par le P. Pierre Thomas de Sainte-Marie, Rouen, 1672 ;
Les *Principes et les règles de la Vie chrétienne*, du cardinal Bona, traduit en français par le président Cousin, 1676, etc.

On pourrait y joindre, parce que son auteur se rattache de près à sainte Chantal, le *Discours des marques de la vraie Eglise*, par André Frémyot, archevêque de Bourges. Paris, Dubray, 1610, in-8°.

Mais assurément la meilleure lecture que l'on puisse faire sur ce sujet est celle de la correspondance de saint François de Sales (édition Blaise, Paris, 1833). Les premières éditions renfermaient un certain nombre de lettres de Mme de Chantal. M. Ed. de Barthélemy les en a extraites et y a joint celles qu'il a pu recueillir dans les divers monastères de la Visitation (2 vol. in-8°. Lecoffre).

jusqu'à sa rencontre avec Saint François de Sales n'est peut-être pas le moins curieux exemple que l'on puisse citer de la rare alliance des habitudes mondaines avec les exercices de piété. Nous la verrons désormais plus retirée en elle-même, quoiqu'elle n'ait pas encore rompu avec les distractions extérieures. La première fois que l'évêque de Genève la rencontra chez son père : « Madame, lui dit-il, auriez-vous envie de vous remarier ? — Oh ! non, monseigneur. — Eh bien ! répliqua-t-il, il faudrait mettre à bas l'enseigne. » Elle entendit ce qu'il voulait dire, et dès le lendemain, elle retranchait de son vêtement « certaines parures et gentillesses » qu'elle avait portées jusqu'alors.

Il y avait dès ce moment des directeurs, les exagérés du spiritualisme, comme un peu plus tard l'abbé de Saint-Cyran et M. Singlin de Port-Royal, qui, tranchant au vif, voulaient mettre sans précaution la nature humaine au régime et ne toléraient aucun partage entre le monde et la piété. Saint François de Sales qui permettait aux dames d'Annecy d'assister quelquefois au bal (1), n'était point assurément de cette école, il désirait seulement éprouver sa future pénitente et s'assurer de son obéissance en même temps que de ses intentions. En acceptant la direction de son âme, il la laissa dans le milieu où il l'avait trouvée, sans faire le moindre effort pour l'en retirer. Il se contenta de lui tracer un réglement de vie qu'il l'engagea à suivre lentement, petit à petit, avec esprit de liberté, mais aussi avec douceur et sans violence.

Sans violence : le conseil était bon, il allait merveilleusement à l'adresse de cette activité impétueuse qui distinguait Mme de Chantal. Elle ne se sentait pas en effet maîtresse de son esprit, et « ce misérable coureur » comme elle l'appelle, voulait d'un bond atteindre aux dernières limites de la perfection. « Il y a quelque chose en moi, écrivait-elle à son père spirituel, qui n'est jamais satisfait, mais je ne saurois dire ce que c'est. » Le grand saint connaissait bien cette impatience, et pour la guérir par son propre exemple, il lui répondait : « J'ai été malade de cette maladie là. » — « Ne vous débattez point, ajoutait-il; ne vous empressez point pour voler ; ayez patience que vous ayez des ailes pour voler comme les colombes ; je crains infiniment que vous n'ayez un peu trop d'ardeur à la proie, que vous ne vous empressiez et multipliez les désirs un peu trop dru. »

Ainsi, en modérant les emportements de son cœur, il la faisait, pour parler sa langue, un peu retirer à part soi, il lui faisait reprendre haleine et réparer ses forces, afin qu'elle puisse ensuite gagner plus de chemin. Allez-y franchement, ne cesse-t-il de lui répéter, allez-y de bonne foi, à la vieille française, sans pointiller, sans marchander les efforts, mais aussi

---

(1) Pour bien comprendre toute la pensée de l'évêque de Genève et pour répondre d'avance à toutes les interprétations erronées ou malignes, il faut citer le passage entier de l'*Introduction à la Vie dévote* : « Je vous dis des danses, Philotée, comme les médecins disent des champignons : les meilleurs n'en valent rien, disent-ils, et je vous dis que les meilleurs bals ne sont guère bons : si néanmoins il faut manger des champignons, prenez garde qu'ils soient bien apprêtés. S'il faut aller au bal, prenez garde que votre danse soit bien apprêtée. Mais comment faut-il qu'elle soit accommodée? de modestie, de dignité et de bonne intention. » N'est-ce pas là une dévotion vraiment sensée et en même temps souriante et aimable?

sans appréhender les tentations. La vôtre est l'ardeur : tempérez-la, laissez souffler le vent, et « ne pensez pas que le frifilis des feuilles soit le cliquetis des armes. »

La Sainte résiste d'abord, elle ne croit pas que les tristesses, les découragements, les doutes furieux qui l'assaillent soient de simples tentations ; elle s'étonne que la force soit inutile contre elles, elle implore à grands cris de nouvelles consolations et de nouveaux remèdes. « Céder sans rien dire ! Ce point est difficile pour moi, » écrit-elle naïvement à son directeur. Et celui-ci de répondre aussitôt : « Rendez-vous maniable, » et toutes ces fumées s'évanouiront. A une âme plus molle et plus languissante, il eût prêché le courage et la résistance ; à celle-ci qu'il connaît robuste et fière, trop peut-être, il ne parle que de patience, de douceur, de calme et de modération. Il veut atteindre l'amour-propre dans ses derniers retranchements, jusque dans l'ardeur spirituelle sous laquelle il se dissimule, parce que l'amour-propre est le grand agitateur de l'âme, la cause secrète de tous ses troubles et de toutes ses chûtes. Pour cela, il recommande à sa pénitente l'obéissance à la volonté divine, c'est-à-dire l'abandon absolu à Dieu. Il appelle cela *l'endormissement de l'esprit.* » Le moi disparaît. La volonté humaine s'anéantit dans la volonté de Dieu. Si cet abandon peut offrir des périls, lorsqu'il procède de la crainte et de la faiblesse, il est le remède le plus efficace contre les soubresauts des natures indépendantes et vigoureuses, et c'est dans le choix de ce conseil que l'on peut surprendre le tact infini du pénétrant directeur. Le religieux à qui Mme de Chantal avait précédemment confié la conduite de sa vie n'avait point saisi cette nuance, et au lieu de tempérer ses ardeurs, l'avait jetée dans des efforts qui les surexcitaient. Saint François de Sales est plus habile, il va droit au but, il s'attaque directement à la cause, et corrige l'individualisme par le renoncement, comme plus tard chez Angélique Arnault il tentait de résoudre l'orgueil par l'humilité. Tentative infructueuse, qui ne devait pas avoir chez l'opiniâtre abbesse de Port-Royal le même succès que chez l'humble supérieure de la Visitation, et qui ne permit pas à Bossuet de dire de la première comme de la seconde : « Elle s'est faite souple à la main de Dieu.»

Jeanne Frémyot avait une autre imperfection, si l'on peut donner ce nom à l'excès du sentiment le plus naturel et le plus légitime : la mort de son mari l'avait plongée dans une tristesse indicible. L'Evêque de Genève entreprit de la vaincre et il en triompha. « Tenez votre cœur au large, lui écrit-il dès le premier jour, et pourvu que l'amour de Dieu soit votre désir, vivez toujours joyeuse. » Et ailleurs : « Vivez joyeuse et soyez généreuse. Dieu que nous aimons et à qui nous sommes voués, nous veut en cette sorte-là. » — « Comme un rossignol dans les buissons, chantez, ma fille, chantez vive Jésus !... Croyez-moi, jamais les Israélites ne purent chanter en Babylone parce qu'il pensoient à leur pays, et moi je voudrois que nous chantassions partout. » Ce vœu, il l'exprime sans cesse à ses pénitents du monde comme à ses pénitentes du cloître, parce que la tristesse est aussi ennemie de la dévotion que de la paix de l'âme, et il le développe dans un des chapitres les plus ravissants qu'il ait adressés à Philotée.

Les exercices de piété ne sont pas davantage oubliés ; il en recommande plusieurs, il en blâme ou il en raille agréablement quelques autres. S'il conseille en certain cas l'usage modéré de la discipline, il ne se montre point partisan des mortifications excessives et des pratiques un peu superstitieuses qui se glissent parfois dans la dévotion des femmes. Mme de Chantal n'avait aucune de ces « muguetteries » qui affadissent l'âme au détriment des fortes croyances, mais son ardeur l'emportait souvent au-delà de la vraie simplicité chrétienne. « Ne jeunez pas, ma très-chère fille, lui écrit le prélat un jour qu'elle était malade ; je me souviendrai bien, après que vous serez bravement guérie, de vous faire jeûner un samedi en échange. » Dans une autre circonstance : « Ne manger point chose qui ait eu vie les vendredis de carême, n'est pas mal fait non plus ; mais cela tire un peu à la vanité d'esprit, quand cela se fait par le rapport de ce qui l'a eu ; quand cela se fait par mortification cela est bon (1). » Des prières courtes, récitées en latin, après s'être aidée d'une traduction française pour en comprendre le sens, une heure de méditation le matin, et le soir une lecture pieuse, terminée par un examen de conscience, voilà tout le régime spirituel que prescrit le saint à Mme de Chantal, et encore il a soin de lui défendre de s'y astreindre comme à un devoir et d'éprouver quelque scrupule si elle venait par hasard à y manquer.

Le reste de la journée doit être consacré à sa famille, à ses enfants, à sa maison. « Qu'une personne fasse miracle, étant en état de mariage, et qu'elle ne se soucie point de ses enfants, dit-il, *elle est pire qu'infidèle*, selon le mot de saint Paul. » Dieu n'entend point qu'on lui sacrifie les devoirs de sa profession. La vie contemplative est bonne, mais non au détriment de l'obéissance. Ce n'est pas à nous de choisir à notre volonté. Il faut vouloir ce que Dieu veut, et s'il veut qu'on le serve d'une façon, nous n'avons pas le droit de le servir d'une autre. Ainsi, « c'est une fausse liberté aux femmes mariées de s'éloigner de leurs maris, sans légitime raison, sous prétexte de dévotion et de charité ; » ce serait pis encore peut-être, si elles venaient à délaisser l'éducation de leurs enfants. La veuve du baron de Chantal n'oubliera point qu'elle en est seule chargée, et qu'elle doit sans perdre de temps, s'emparer de leurs affections naissantes pour les tourner vers Dieu. « Quant à Celse-Bénigne (son fils aîné), il faut que ce soit avec des motifs généreux, et qu'on lui plante dans sa petite âme des prétentions au service de Dieu, toutes nobles et vaillantes, et lui ravaler fort les appréhensions de la gloire purement mondaine. » Pour les filles : « A toutes, dit le sagace directeur, ôtez-leur la vanité de l'âme ; elle naît presque avec le sexe. » La vanité, c'est, comme il l'appelle ailleurs,

---

(1) Je ne puis résister au plaisir de citer un autre passage de saint François de Sales, qui prouve combien il était au dessus des petites pratiques dévotieuses. « *Le Pater* que vous dites pour le mal de tête, écrit-il à une religieuse, n'est pas défendu. Mais, mon Dieu ! ma fille, non, je n'aurais pas le courage de prier Notre-Seigneur par le mal qu'il a eu à la tête, de n'avoir point de douleurs en la mienne. Je voudrais employer le couronnement d'épines de Notre-Seigneur pour obtenir une couronne de patience autour de mon mal de tête. »

On ne connaît vraiment pas assez saint François de Sales, on ne sait pas ce que sa correspondance renferme de sensé, de fort, de bon, de pénétrant, de lumineux. Nul ne le peut quitter sans être attendri, bien plus, sans emporter un conseil utile et durable. C'est le maître par excellence de la vie chrétienne.

l'aîné de notre âme ; on ne saurait donc s'y prendre assez tôt pour l'en dé-
loger. Si elles manifestent quelque vocation pour la vie religieuse, il serait
coupable de les en détourner, mais il le serait bien davantage de les y
contraindre, si leur goût paraissait opposé. — Vous devez deux mille écus,
je crois, lui écrit-il dans un autre passage : faites en sorte de les payer
promptement, et prenez bien garde de ne rien retenir de votre dette. —
Partagez vos jours entre votre père et votre beau-père, exercez-vous à
procurer le bien de leur âme, rendez-vous humble et agréable à l'un et à
l'autre, c'est le premier prochain que Dieu vous oblige d'aimer. » Comme
il l'écrivait à la présidente Brûlard dont il dirigea longtemps la conscience,
il faut éviter que les personnes qui vous entourent « ne soient offensées par
de trop longs séjours aux églises, de trop grands retirements et abandon-
nements du soin de votre ménage. » La femme chrétienne ne doit pas seulement être dévote et aimer la dévotion, elle doit la rendre aimable, utile,
et agréable à chacun. Or sa famille l'aimera, si elle la trouve en toute
circonstance « soigneuse de son bien, douce aux affaires, cordiale, souëye,
en affection, franche et condescendante. »

Les détracteurs de Mme de Chantal (elle en a eu, qui n'en rencontre point
ici-bas ?) ont tiré contre elle un grand parti de son entrée dans la vie religieuse, lorsque ses enfants devaient encore la retenir dans la vie du
monde ; ils l'ont accusée de sécheresse d'âme, d'insensibilité, et son héroïsme surhumain ne leur a paru qu'une opiniâtre folie. Leurs reproches
sont remontés jusqu'à son directeur, qu'ils ont peint comme un fanatique
dont la parole mielleuse l'avait perfidement détachée de ses devoirs et de
sa famille. On peut apprécier si ces imputations sont fondées, si elles sont
même dignes d'une réponse. Six années s'écoulèrent (de 1604 à 1610,
depuis le jour où Mme de Chantal ouvrit pour la première fois son âme au
saint évêque, jusqu'à celui où les portes de la Visitation naissante se refer-
mèrent sur elle ; six années pendant lesquelles elle comprima ses secrets
désirs, et lutta contre les plus violentes aspirations de son cœur. Durant
cette longue épreuve imposée par lui, le bienheureux dit-il une parole,
écrivit-il un mot, un seul, pour solliciter la vocation de sa pénitente et
lui faire rompre sa voie ? Si cette parole, si ce mot se trouvent quelque
part, qu'on les produise et qu'on les cite. Mais non : ses efforts ne ten-
dirent qu'à reculer le terme d'une séparation redoutée, quoique depuis
longtemps ménagée et prévue. Cette séparation reçut l'assentiment de toute
la famille : le président Frémyot l'autorisa, son fils, l'archevêque de
Bourges, ses parents, ses amis l'approuvèrent, et leurs larmes unanimes
ne purent témoigner que de leurs regrets sans exprimer le moindre
blâme. Quand Mme de Chantal se rendit à Annecy, elle venait de perdre
une de ses filles, d'en marier une autre (1) ; elle emmenait avec elle la troi-
sième pour terminer son éducation, et laissait à son père son fils, Celse-
Benigne, dont l'âge exigeait désormais une direction plus virile. Elle avait
réglé ses affaires, disposé de ses biens en faveur de ses enfants, amélioré
leur héritage, préparé leur entrée dans la vie. Elle se réservait le droit de

(1) Marie-Aimée, qui épousa le baron de Thorens, frère de saint François de Sales.

les surveiller depuis sa solitude qu'elle quitta plus d'une fois, surtout dans
les premières années, pour faire de longs voyages en Bourgogne. Loin de
lui interdire les rapprochements avec les siens, le fondateur de la Visitation les provoquait lui-même; il lui parlait sans cesse de ses enfants, il
l'exhortait à ne rien leur retrancher de sa sollicitude et de son amour.
Plus tard, lorsque parvenue aux sommets du détachement mystique et
cependant encore avide de mortifications, la sainte s'infligeait, comme un
dernier supplice, de torturer son cœur et de maîtriser ses maternels élans,
son guide la reprenait doucement de cet excès de courage et lui rendait
la liberté qu'elle se refusait elle-même : « Votre fils, lui écrivit-il, vint
hier au soir tout tard, et nous eûmes de la peine à le retenir de vous
aller voir dans le lit, où vous êtes tout indubitablement. Que je suis
marri de ne pouvoir être témoin des caresses qu'il recevra d'une mère insensible à tout ce qui est de l'amour naturel? Car je crois que ce seront
des caresses terriblement mortifiées. Ah ! non, ma chère fille, ne soyez
pas si cruelle ; témoignez lui du gré de sa venue, à ce pauvre Celse-Bénigne. Il ne faut pas faire ainsi tout à coup de si grands signes de cette
mort de notre naturelle passion. Auprès d'un objet si aimable, nous ne
devons pas bonnement être insensibles, car l'amitié descend plus qu'elle
ne monte. »

Quand l'âme, comme celle de Mme de Chantal, atteint ce miraculeux
degré de l'anéantissement, elle s'élève au-dessus de l'humanité ; mais
quand elle y joint ce suprême don d'une tendresse toujours émue comme
celle du *doux* François, elle s'élève au-dessus de la sainteté même.

VII

Le lendemain de la Pentecôte 1607, la baronne de Chantal, dont la vocation religieuse se fortifiait de plus en plus, était à Annecy. Depuis longtemps elle avait consulté l'évêque de Genève sur ses secrets désirs, mais
jusque-là elle n'avait obtenu de lui aucune réponse. Ce jour, à l'issue de
la messe, saint François de Sales la fit mander : Eh bien, ma fille, lui dit-
il d'un ton grave, je suis résolu de ce que je veux faire de vous. — Et
moi, répondit-elle, mon seigneur et mon père, je suis résolue de vous
obéir. » Et sur ces mots elle se jeta à genoux. — « Oui-dà, dit-il ; or sus,
il faut entrer à Sainte-Claire. — Mon père, je suis toute prête. — Non,
reprit-il, vous n'êtes pas assez robuste, il faut être sœur de l'hôpital de
Beaune. — Tout ce qu'il vous plaira. — Ce n'est pas encore ce que je
veux, vous serez carmélite. — Je suis prête à vous obéir. » Il voulait s'assurer ainsi de son obéissance. « Eh bien, dit-il après une pause, rien de
tout cela ne vous convient. » Et il commença à déployer devant elle tout
le plan de la Visitation. « A cette proposition, écrivait plus tard la sainte,
je sentis soudain une grande correspondance intérieure avec une douce
satisfaction et lumière qui m'assuraient que cela était la volonté de Dieu :
ce que je n'avois pas senti aux autres propositions, quoique toute mon
âme y fût entièrement soumise. » Malgré la nouveauté et les périls du

dessein, qu'il avait longtemps médité, saint François de Sales n'avait pas moins de confiance : « Courage, ma fille, disait-il à Mme de Chantal ; toutes choses concourent à affermir ce projet dans mon âme. J'y vois de grandes difficultés pour l'exécution, et je n'y vois goutte pour les démêler, mais je m'assure que la divine Providence le fera par des moyens inconnus aux créatures. »

Il faut dire en quelques mots quel était le plan de saint François de Sales.

Le XVIIe siècle avait un grand nombre de maisons religieuses qui se livraient avec ardeur aux œuvres de pénitence. Outre le Carmel, dont on connaît l'austérité, il existait alors une foule de cloîtres dont la règle principale était la mortification et dont l'entrée n'était par conséquent ouverte qu'aux personnes à qui Dieu avait donné la vigueur de la santé et de l'âge. Quant à celles dont le tempérament ou dont le goût répugnait aux rigueurs corporelles, elles étaient contraintes, selon les termes de l'évêque de Genève, « de s'arrêter parmi le tracas ordinaire du monde, faute d'avoir un corps assez fort, une complexion assez saine ou un âge assez vigoureux. »

De plus, toutes ces maisons étaient cloîtrées : la clôture était regardée alors comme la condition indispensable de la pureté de la vie religieuse. « Comment pouvez-vous garder la virginité, écrivait Yves de Chartres, si vous conversez avec les séculiers qui en sont les ennemis ? » On estimait que permettre à des filles de sortir de leur couvent, d'entretenir des relations avec le dehors, même dans un but spirituel, c'était contrevenir à toutes les règles des ordres religieux, à celles du bon sens, qui indique qu'on ne peut trouver la véritable dévotion que dans la solitude. Tous les papes, tous les conciles, tous les évêques, ajoutait-on, avaient reconnu la nécessité de la clôture : tenter de la rompre, ce serait presque se mettre en révolte contre eux (1). Cette opinion était inexacte et trop absolue : le cardinal Bellarmin rappelait avec raison à saint François de Sales qui le consultait sur l'institution des filles de la Visitation, que l'Eglise avait autrefois possédé des religieuses non cloîtrées, dont saint Jérôme, saint Augustin et saint Athanase font un légitime éloge. Mais telle qu'elle était, cette opinion avait cours, et les zélés l'appuyaient sur un décret de Boniface VIII, approuvé par le concile de Trente.

La conséquence naturelle de cette règle, alors unanimement acceptée, c'est que la charité extérieure, la visite des pauvres à domicile étaient interdites aux religieuses. Les monastères faisaient d'abondantes largesses, ils répandaient de nombreuses aumônes, mais leurs libéralités devaient passer par des mains étrangères, lorsqu'elles ne pouvaient être distribuées à la porte même du couvent. N'était-ce point priver les âmes d'une source intarissable de bénédictions et de grâces ?

(1) V. les *Disquisitiones canonicæ de clausura regulari* du jésuite Chifflet, et un petit livre très rare et très curieux intitulé : *Entretiens sur la clôture religieuse*, par P. Collet, Dijon, Claude Michard, 1697. L'auteur de ce livre parle dans un passage des religieuses hospitalières. « J'ay ouy dire, écrit-il, qu'il y a en plusieurs villes de France des sœurs de Saint Augustin, qui s'employent à servir les pauvres : on les appelle des sœurs hospitalières, qui vivent en communauté et ne sont pas toutefois religieuses, parce qu'elles peuvent conserver leurs biens et même se marier, quoique cela n'arrive pas. »

Saint François de Sales le jugeait ainsi, et sa première pensée, sa pensée originale, personnelle, celle que lui suggéra son cœur « abondant en dilection, » fut d'instituer une congrégation également accessible à la force et aux infirmités, à la jeunesse et à l'âge mûr, où l'austérité morale remplacerait l'austérité corporelle, où la parfaite obéissance tiendrait lieu du jeûne et de la discipline, dont les membres, enfin, pourraient au dehors se livrer aux touchantes pratiques de la charité.

C'était un plan hardi, bien plus hardi qu'il ne paraît à nos yeux habitués aux miracles quotidiens accomplis par les sœurs de Saint-Vincent-de-Paul, si hardi même que le saint novateur dut reculer en partie devant l'ardente opposition qu'il rencontra. Mais s'il fut contraint plus tard d'imposer à ses filles la clôture qu'il repoussait tout d'abord, s'il put dire avec quelque raison à cet égard, qu'il n'avait pas fait ce qu'il voulait et fait ce qu'il ne voulait pas, il maintint du moins contre tous les reproches du monde et contre toutes les inquiétudes de la prudence humaine, l'idée-mère de son Institut, celle qui en ouvre encore aujourd'hui, sans distinction, l'accès aux jeunes et aux vieilles, aux vierges et aux veuves, aux malades et aux déshéritées de la nature, à toutes les faiblesses du corps en un mot, pourvu que l'esprit soit en santé et en vigueur. « Que voulez-vous, répondait-il à ses critiques, je suis partisan des infirmes. » Et à ses filles elles-mêmes qui hésitaient à le suivre dans cette voie courageuse : « N'ayez peur, si on persévère à exercer la charité à celles qui ont des infirmités corporelles, Dieu en fera venir, contre la prudence humaine, une quantité de belles et agréables, mêmement selon le gré du monde : » En effet, à côté de la sœur Michel qui boitait, on vit venir bientôt s'agenouiller, dans l'humble parvis de la Visitation naissante, la comtesse de Dalet, la jeune Mlle de Cuisanges, la brillante Mlle de Beaumont, Mlle de la Fayette, que Louis XIII aima d'un si chaste amour, la riche Mlle Lhuillier, l'aimable Mlle de Chaugy, Mlle de Martignat, dont la grâce éclipsait toutes les filles d'honneur de la reine Marie de Médicis, enfin l'illustre et vénérée duchesse de Montmorency.

Il n'entre pas dans notre pensée de suivre M. Bougaud dans les intéressants développements auxquels il s'est livré sur l'origine de la Visitation. Nous étudions la fondatrice, nous n'étudions pas l'Ordre ; nous n'aurions aucune autorité dans la critique ni dans la louange. Plus compétent que nous, l'abbé Bougaud ne s'est pas refusé au charme d'esquisser, à côté de la grande figure de Mme de Chantal, celle de ses pieuses compagnes. Il a bien fait et ce n'est pas nous qui lui reprocherons cette digression : ses pages animées peignent peut-être pour la première fois un tableau complet et véridique de l'Institut que l'univers catholique doit à l'initiative persévérante de ces deux glorieux serviteurs de Dieu honorés par l'Eglise sous les noms bénis de saint François et de sainte Chantal.

A partir du moment où son directeur lui avait ainsi révélé sa vocation, la baronne n'appartint plus au monde. Déjà elle avait rejeté plusieurs projets d'union qui souriaient à son père ; elle en repoussa un autre plus brillant encore, sans « ouïr de capitulation, » comme l'écrivait l'évêque de Genève. Le jour marqué pour son départ la trouva prête, mais non point calme et insensible. Le 29 mars 1610, elle fit ses adieux à sa famille assemblée. « Ses yeux nageaient dans l'eau, » mais quand il lui fallut embrasser ses enfants, son énergie n'y put tenir, elle éclata en sanglots. Un témoin de cette scène, craignant qu'elle ne faiblît au moment suprème : « Eh quoi ! Madame, lui dit-il, les pleurs d'un enfant vous pourront ébranler ! — Nullement, répondit-elle en souriant à travers ses larmes, mais que voulez-vous, je suis mère ! » Et, les yeux au ciel, elle franchit le corps de son fils couché devant ses pas.

VIII

Elle était mère : on le vit bien lorsqu'elle fut arrivée à Annecy dans la petite maison de *la Galerie* qui reçut les premiers échos de ses prières. Chose remarquable et cependant trop peu remarquée ! A peine le sacrifice consommé, son âme si forte et si résolue s'abima dans d'inexprimables angoisses. L'heure du doute que Dieu ménage à ses élus sonna pour elle, qui n'avait point douté jusqu'alors. Son esprit devint, selon ses propres expressions, comme un grand parc où circulaient en liberté de hideux reptiles, sans qu'elle pût ni les détruire ni les chasser. Toutes les objections, que l'on a depuis complaisamment répétées contre elle, se dressèrent en masse devant ses yeux troublés : Dieu se retira d'elle, elle se crut un instant condamnée. N'était-ce pas un crime que d'abandonner son père et son beau-père, chargés d'années, et ses enfants dont il fallait parachever l'éducation ? l'Ecriture et l'Eglise ne réprouvaient-elles point cet égoïste abandon? Son cœur l'avait trompée ; il était à la fois plus fort et plus faible qu'elle ne l'avait prévu. De quel droit échangeait-elle des devoirs certains contre des devoirs douteux, d'autant plus douteux que la Providence semblait lui refuser l'énergie de les accomplir? Dieu lui-même, Dieu à qui elle venait de tout sacrifier, Dieu n'était plus le père, l'ami, le pasteur, l'époux adorable qu'elle attendait, c'était un juge irrité, un souverain impérieux et méprisé qui allait lui demander un compte terrible de la transgression de ses lois. Etait-elle digne d'ailleurs, était-elle en volonté de persévérer? Quelles seront ses œuvres? elle sera à l'écart, inutile : sa vie s'usera dans la stérilité. Les actifs ne sont pas dans le cloître : ils sont dans le monde. La femme forte de l'Ecriture a choisi la laine et le lin, elle donne du butin à ses esclaves, des mets à ses servantes ; elle mesure le champ et l'achète ; elle tisse des étoffes pour vêtir ses enfants. Mais elle, que fera-t-elle et où ira-t-elle?

Ce martyre dura au moins deux heures, dit son historien. Enfin, épuisée, elle tomba à genoux et s'écria : « Mon Dieu, je m'abandonne à votre Providence ; mon seul désir est de vous obéir et de servir votre Majesté. »

Obéir à Dieu, voilà un mot bien souvent profané, parce qu'il voile souvent des aspirations indiscrètes, et dont on ne peut comprendre le sens et la valeur que lorsqu'il est le dernier terme d'un aussi rude combat.

Où allait-elle en effet? Elle n'allait pas seulement à la joie, à la paix de la solitude, conviée à l'amour par de languissants attraits ; elle n'allait pas seulement où le luth l'appelait, au Christ harmonieux, *Christus musicus.*

Elle n'y volait pas radieuse et légère, dégagée de soucis et de regrets, avec des chants, des acclamations, des lumières; non, elle marchait au cloître le cœur brisé, l'âme torturée et vaincue; elle foulait aux pieds les plus saintes et les plus vives affections. Tout se soulevait en elle et hors d'elle contre elle-même, et cependant elle s'avançait poussée, malgré tous ses liens, par un souffle plus puissant qu'eux. Ce qu'il y a de plus tendre, de plus fougueux, de plus passionné dans la nature protestait contre son sacrifice, et tout en l'accomplissant, elle ne pouvait s'empêcher de tourner la tête vers les êtres chéris auxquels elle s'arrachait. Ce violent sacrifice, c'est le meilleur témoignage de sa vocation. La voilà, cette femme forte, cette ferme et grande intelligence! La voilà, dès le lendemain de la séparation, abattue, anéantie, prête à demander à son Père céleste que cet amer calice soit éloigné d'elle! Pendant que l'on exalte publiquement son courage, Dieu l'humilie en secret et lui inflige une agonie qui ne finira qu'avec ses jours. Ah! que l'on ne dise plus qu'elle était insensible et que son cœur ne connaissait rien des sacrés attachements de la nature! Dans les derniers temps de sa vie, lorsque, détachée de tout et déjà sur le bord de l'infini, son âme n'appartenait plus à la terre, elle réunit un jour ses religieuses autour d'elle et commença à leur parler, en traits de feu, du martyre. Une sœur ayant demandé quel était celui auquel les filles de la Visitation étaient destinées : « Donnez votre volonté à Dieu, dit-elle, et vous le sentirez. Le divin amour fait passer un glaive dans les plus intimes parties de nos âmes et nous sépare de nous-même. Je sais une âme, poursuivit-elle après une pause, que l'amour a séparée des choses qui lui étaient le plus sensibles, mieux que si les tyrans eussent séparé son corps de son âme par le tranchant de l'épée. — Et combien de temps dure ce martyre? dit une sœur. — Depuis le moment où l'âme se livre à Dieu jusqu'à l'heure de la mort. Mais cela s'entend des cœurs généreux et qui, sans se reprendre, sont fidèles à l'amour; car les cœurs faibles, Notre-Seigneur ne s'applique pas à les martyriser; il se contente de les laisser rouler leur petit train, de crainte qu'ils ne lui échappent s'il les pressait. » Et elle ajoutait : « ces martyrs souffrent plus en gardant leur vie pour faire la volonté de Dieu que s'il en fallait donner mille pour témoignage de leur foi. »

Je ne sais si je me trompe, mais il me semble que pour interpréter ces paroles souvent citées, il n'est pas besoin de s'élever, comme de pieux écrivains, aux hauteurs du mysticisme. Les religieuses de la Visitation qui n'avaient point soutenu ce combat ont pu ne point les comprendre, mais ce cœur *transpercé d'un glaive, séparé de lui-même,* arraché *par l'amour aux choses qui lui étaient le plus sensibles,* ce cœur qui a souffert *depuis le moment où il s'est livré à Dieu jusqu'à l'heure de la mort,* n'est-ce pas le cœur de la grande sainte qui, longtemps après son immolation, se frappait la poitrine et trempait son chevet de ses larmes au souvenir de ses enfants?

Elle se raffermit pourtant et retrouva bientôt le courage qui lui avait un instant échappé. Ce courage lui était bien nécessaire pour traverser les prochaines épreuves de l'avenir. Les commencements de l'Institut fu-

rent cependant favorisés. En 1610, Mme de Chantal entrait dans la petite
maison de *la Galerie,* à Annecy, avec deux compagnes seulement (1);
moins de cinq ans après, saint François de Sales bénissait le second monastère de la Visitation et y installait 26 sœurs. Mais les obstacles ne se
firent pas attendre. « Si on annonçait aujourd'hui, dit avec raison M. Bougaud, que les petites sœurs des pauvres renvoient leurs vieillards, s'en-
ferment dans une clôture impénétrable et se consacrent uniquement à la
prière, avec quel étonnement d'abord, avec quels regrets ensuite, et bientôt avec quel blâme une pareille résolution ne serait-elle pas accueillie? »
Le même étonnement et le même blâme accueillirent les nouveautés de la
Congrégation naissante. Il n'y eut qu'une voix pour critiquer un Institut
de femmes qui, bravant audacieusement la règle de la clôture, parcou-
raient en plein jour les rues de la ville pour visiter les malades et les pauvres. On accusa saint François de Sales de rébellion contre les lois ecclé-
siastiques, on alla même jusqu'à lui dire que sa prétentieuse innovation
scandalisait le monde. Mû par d'autres motifs, le peuple s'en mêla. Les
travaux du nouveau monastère furent plus d'une fois interrompus, et
l'évêque de Genève dut interposer son autorité entre les ouvriers et la
malveillance populaire. Quand il s'agit d'établir une maison à Lyon, le
cardinal de Marquemont, archevêque de cette ville, protesta qu'il ne souf-
frirait jamais dans son diocèse un couvent dont les portes ne seraient
point rigoureusement fermées. Vaincu par les arguments victorieux de
l'évêque de Genève, il se retrancha dans ses prérogatives spirituelles pour
refuser tout accommodement. Sainte Chantal prit part à la lutte et conju-
rait chaque jour le pieux fondateur de tenir bon, de ne rien changer à un
plan mûri par la réflexion, déjà éprouvé par l'expérience et visiblement
béni de Dieu. Le caractère doux et condescendant du saint le détermina à
une concession; il introduisit, non sans regret, la clôture dans les règles
de son Institut, qu'il rédigea sous l'œil de la première supérieure, et,
cela fait, pour donner à ses filles un guide suprême dans la vie nouvelle
qu'elles embrassaient, il écrivit le *Traité de l'Amour de Dieu,* dans la
composition duquel elles lui servirent non seulement d'aiguillons, mais
de modèles.

IX

Dès que les premières assises de l'édifice sont ainsi posées, Mme de
Chantal déploie une prodigieuse activité. Les maladies qui l'avaient jusqu'alors épargnée, étreignent en vain son corps; elles ne peuvent dompter
ni sa vigueur ni son énergie. Elle n'a ni fonds, ni revenus, ni dots, ni maisons, ni protecteurs, ni pain même quelquefois à donner à ses filles; de
sa fortune personnelle qu'elle a cédée à ses enfants, elle ne s'est réservée
que dix écus oubliés au fond d'une bourse; les difficultés surgissent de
toutes parts : ici c'est une riche novice qui se retire, emportant avec elle

---

(1) Mlles Favre et de Bréchard. Celle-ci appartenait, comme la baronne de Chantal, à une noble
famille de Bourgogne, alliée aux bonnes maisons du pays, aux Marheco, aux d'Orges, etc. La
Bourgogne et la Savoie peuvent revendiquer à juste titre l'honneur d'avoir été le berceau de la
Visitation.

les sommes qu'elle avait promises à la communauté ; là, c'est un procès avec un voisin chicaneur qui la harcèle et à qui elle abandonne ses droits plutôt que de les soutenir en justice ; c'est un legs inespéré que les héritiers du testateur contestent et auquel elle renonce généreusement ; c'est une ville dont les officiers ferment les portes aux nouvelles religieuses, malgré le vœu public, sous prétexte qu'elles sont inconnues et que la cité est déjà surchargée de couvents ; c'est une maison fondée peut-être trop précipitamment, et qui, à peine abandonnée à elle-même, chancèle sous la main débonnaire de la supérieure ; n'importe : tous ces obstacles ne l'arrêtent point, elle veut, elle saura les surmonter.

À Lyon succède Moulins ; à Moulins, Grenoble. Mme de Chantal est partout. À peine est-elle arrivée dans cette dernière ville que son frère, l'archevêque de Bourges, la mande près de lui pour instituer un cinquième monastère. Elle prend juste le temps d'y installer la sœur Rosset, et court à Paris où l'appelle l'évêque de Genève. Les communautés religieuses, jalouses de la nouvelle venue, lui suscitent mille traverses : on prétend lui imposer les Andriettes et les Filles de Sainte-Madeleine qui sont des repenties, sinon il faut partir. « Eh bien, nous partirons, réplique-t-elle ; nous sommes venues par obéissance, nous nous en irons par obéissance. » L'orage s'apaise enfin, et « M. Vincent » accepte la direction spirituelle des Filles de Saint-François de Sales. En passant, elle se lie avec Angélique Arnault dont l'âme courageuse la séduit tout d'abord, et qui veut jeter sa crosse d'abbesse pour prendre le béguin de la Visitation. L'exemple de Paris entraîne la province : Montferrand, Nevers, Orléans, Valence, se fondent, malgré le mauvais vouloir des autorités locales, trompées par des récits mensongers. Mme de Chantal s'arrache à la capitale, visite Maubuisson et revient par le centre de la France à Dijon, où les héritières des plus grandes familles de la Bourgogne reçoivent le voile de ses mains.

À travers tous ces obstacles, toutes ces luttes, toutes ces fatigues, son cœur reçoit de cruelles atteintes. La mort frappe à l'improviste le baron de Thorens et sa jeune épouse. Marie-Aimée de Chantal expire de désespoir entre les bras de sa mère éplorée. Elle n'a pas eu le temps d'essuyer ses larmes qu'il faut songer au mariage de sa seconde fille, Françoise, recherchée par le comte de Toulongeon, un parti splendide qu'il n'était pas permis de mépriser. Écoutez à cette occasion les conseils de la mère à l'enfant : « Tenez, ma chère fille, voilà M. de Toulongeon qui, se voyant huit ou dix jours de libre, s'en va vous trouver en poste pour savoir de vous, dit-il, si vous ne le trouvez point trop noir, car pour son humeur, il espère qu'elle ne vous déplaira pas. Pour moi, je vous le dis en vérité, je ne trouve non-seulement rien à redire à ce parti, mais je n'y trouve rien à désirer.... Sa naissance et le bien que nous trouvons de sa personne n'est pas ce qui me touche le plus, mais son esprit, son humeur, sa franchise, sa sagesse, sa probité, sa réputation.... Bénissons Dieu d'une telle rencontre.... Ayez pour guide le livre de *Philotée*, il vous conduira bien. Ne vous amusez point à ces petites vanités de bagues et d'habits. Vous allez être dans l'abondance ; mais, ma chère fille, souvenez-vous toujours qu'il faut user des biens que Dieu nous envoie sans s'y affectionner, et c'est comme cela qu'il faut regarder tout ce que le monde estime. Que dorénavant votre ambition soit d'être parée d'honneur et de modestie et d'une sage conduite dans la condition où vous allez entrer.... M. de Toulongeon, il est vrai, a quelque quinze ans de plus que vous ; mais, mon enfant, vous serez bien plus heureuse avec lui que d'avoir un jeune fou, étourdi, débauché, comme sont les jeunes gens d'aujourd'hui. Vous épouserez un homme qui n'est rien de tout cela, qui n'est point joueur, qui a passé sa vie avec honneur à la cour et à la guerre, qui a de grands appointements du roi. Vous n'auriez pas le bon jugement que je vous crois si vous ne le receviez avec cordialité et franchise. » N'est-ce pas là le prudent langage d'une mère pleine de sollicitude, et pourrions-nous trouver quelque chose à redire à des arguments qui nous servent souvent à colorer des situations bien moins favorisées ?

Puis c'est son fils dont elle reçoit à chaque pas les plus alarmantes nouvelles. Gentilhomme accompli, mais duelliste enragé, à la mode de son temps et de sa famille, Celse-Bénigne ne sort heureusement d'une téméraire aventure que pour s'engager dans une plus folle encore. Sa mère tente en vain d'apaiser sa bouillante ardeur en le mariant aussi ; Marie de Coulanges, de cette dynastie des *bien bons* qui revêt tant de charme sous la plume de leur séduisante héritière, Mme de Sévigné, Marie de Coulanges devient sa femme, mais ne peut l'absorber dans son amour : il brave les édits du roi et les inimitiés de Richelieu ; la tête de son ami Boutteville, à qui il servait de second, roule sous la hache sans l'effrayer, et bientôt pour la baronne, à la crainte de le voir perdre son âme, vient s'ajouter celle de le voir sur le même échafaud perdre la vie. La mort ne l'attendait point là : il la rencontre glorieusement sur un champ de bataille, à l'île de Rhé ; mais quand il fallut annoncer à Mme de Chantal qu'elle n'avait plus de fils, personne ne voulut s'en charger, à l'exception de son père spirituel (1), tant on redoutait que ce coup terrible n'ouvrit une seconde tombe.

On le voit, Dieu ne la ménageait point et lui faisait acheter la perfection par de rudes sacrifices. Déjà elle en avait accompli un autre non moins cruel, avec la même résignation et la même énergie. Saint François de Sales était mort à Lyon le 27 décembre 1622, la laissant seule à la tête de la jeune congrégation. Il avait beaucoup fait sans doute, il avait fait le plus difficile et le plus important : le but de l'institut était déterminé, ses institutions était promulguées, son renom gagnait de proche en proche les provinces, et les fortes résistances qu'il avait rencontrées à ses débuts avaient fait place à de vives sympathies. Mais cependant combien restait-il encore à faire ! Les usages n'étaient pas établis, les premières traditions pouvaient se perdre, aucune uniformité ne régnait entre les pratiques différentes des treize maisons existantes, il fallait maintenir énergiquement les bonnes et rejeter sans faiblesse les inutiles ; il y avait des établissements

---

(1) Ce n'était plus saint François de Sales qui était déjà mort à cette époque (1627), mais son successeur sur le trône épiscopal de Genève, qui était supérieur de la congrégation. J'ai dit plus haut qu'à la mort de saint François de Sales, Mme de Chantal remit le soin de sa conscience à saint Vincent de Paul.

nouveaux à fonder, des règles à expliquer, des noviciats à surveiller, des supérieures à choisir, des excès de zèle à reprendre et des défaillances à soutenir, un reste de défiance à vaincre, en un mot les bases étaient jetées, les murs étaient debout, mais l'édifice n'avait encore ni distribution, ni sommet.

Les compagnes de Mme de Chantal, comprenant la grandeur de sa tâche, l'élisent supérieure perpétuelle, mais son humilité se refuse à cette violation presque nécessaire de la règle et n'accepte qu'une prorogation de pouvoirs de trois années. Sa première œuvre est de faire dresser le *Coutumier* général de l'Ordre qu'elle complète par un commentaire connu sous le nom de *Réponses*. Elle reprend ensuite ses voyages, et, malade, accablée, mais toujours souriante, elle ne se donne trève que lorsqu'elle a profondément fixé dans le sol les racines de l'arbre et fait jaillir du tronc de verdoyants rameaux. Pour surcroît de fatigues, la terrible peste de 1628 éclate et couvre la France de deuil; de Lyon, qu'elle ravage en un jour, elle gagne successivement Crémieux, Crest, Autun, Paray, Nevers, Moulins, Saint-Flour et revient, par Grenoble et Belley, atteindre Annecy où une lettre impérative de Mgr de Sales avait rappelé la sainte, alors supérieure du monastère de cette ville. Un cordon sanitaire sépare Mme de Chantal de ses sœurs de France, mais son inépuisable charité ne sera pas de trop pour soulager les victimes que le fléau couche en rangs pressés dans la ville : « Sauvez une vie si précieuse, quittez le foyer d'infection, lui écrit le prince de Carignan, je le veux, je l'ordonne. — Oh! pardonnez à ma franchise, répond-elle, je n'ai pas le courage d'abandonner mon troupeau. » Et, décidée à mourir sur la brèche plutôt que de lâcher pied devant l'ennemi, elle vide ses greniers, ses coffres, le petit trésor qu'elle réservait à ses pauvres, elle mendie ensuite pour les remplir, et soulève par son exemple un tel héroïsme dans le cœur des principaux habitants d'Annecy que, le mal disparu, l'on put sans emphase la proclamer la libératrice de la ville.

A l'entendre, cette époque fut la meilleure de sa vie et, n'eût été la contagion pour le peuple, elle eût souhaité la durée d'un péril qui tenait en haleine sa merveilleuse activité. Ce qu'il y a de certain, c'est que cette époque est aussi celle des plus brillants développements de l'Institut. La stoïque abnégation de ces faibles filles que l'approche de la mort emplissait d'un indomptable courage et la publication des œuvres de saint François de Sales, bientôt suivie de la procédure qui prépara sa béatification, firent plus pour les succès de l'Ordre que les secours du monde. Les villes se disputèrent à l'envi les religieuses de la Visitation, dont le nombre ne put bientôt suffire aux appels qui leur étaient de toutes parts adressés. En quelques années, le nombre des maisons, de treize qu'il était à la mort de l'évêque de Genève, s'éleva à quatre-vingts. Loin d'enfler le cœur de la sainte, cette fructification rapide ne faisait qu'accroître ses inquiétudes: « Hélas! c'est trop, disait-elle, combien j'aimerais mieux nous étendre du côté de la racine que du côté des branches. » Mais elle parlait en vain. Le fruit était mûr et se détachait lui-même de la tige. Ce n'était plus la France seulement, c'étaient la Suisse, l'Allemagne, l'Italie, la Pologne, jusqu'au Canada qui sollicitaient à grands cris de n'être point déshérités de cette manne céleste. Elle-même, forcée par la multiplication de ses établissements de multiplier ses voyages, ne pouvait plus se montrer en public. On l'attendait aux portes des villes, on arrêtait sa litière, on se jetait à ses pieds pour mendier sa bénédiction. Les magistrats, les corps municipaux, les premiers du clergé et de la noblesse allaient la recevoir en grande pompe, quand d'aventure son passage venait à être connu dans une cité, et, pendant que consuls, juges-mages, échevins, cours souveraines, officiers de tout grade et de tout état défilaient en robes devant cette pauvre femme rougissante et atterrée, le populaire, accouru quelquefois de plusieurs lieues de distance, lui baisait les mains et mettait ses vêtements en lambeaux. Les princes s'en mêlaient aussi : ceux de Savoie la contraignaient de venir à Turin, et la reine Anne d'Autriche en se recommandant à ses prières exigeait qu'elle étendit ses mains tremblantes sur la tête de Louis XIV enfant.

Lorsque vint l'heure du détachement suprême, l'œuvre colossale qu'elle avait entreprise était terminée et l'ouvrière n'avait humainement rien à regretter. Mais c'était aussi pour elle la moindre de ses œuvres ; la plus admirable, celle qui lui avait le plus coûté, c'était son âme. Du cœur le plus fier, le plus altier, le plus indépendant, le plus impérieux, le plus inquiet et aussi le plus sensible qui ait battu sous le sein d'une femme, elle avait fait, pendant ses quarante années de pénitence, le cœur le plus humble, le plus soumis, le plus détaché, le plus doux, le plus paisible et le plus simple. On peut répéter à son égard cette phrase banale, souvent employée mal à propos, qui devient ici rigoureusement vraie : sa mort fut semblable à sa vie. Ce ne fut pas une mort stoïque, car elle n'avait pas besoin de courage pour toucher au terme de ses vœux, mais j'oserais dire que ce ne fut pas non plus une mort chrétienne dans le sens ordinaire du mot, car elle s'était fait une telle habitude de vivre par-delà le monde, qu'au moment d'en passer la frontière, elle ne ressentait ni la solennité du passage, ni la terreur du jugement. « Oh ! le beau jour que celui de demain, » dit-elle la veille du 13 décembre 1641. L'effet de cette tranquillité d'âme, contagieuse chez toutes celles qui l'approchaient, était saisissant : la mort se tenait à la porte, on le savait, prête à la franchir, la souffrance était là, non point assoupie, mais encore vive et poignante, et un sourire calme entr'ouvrait sa bouche, comme si elle n'avait pas entendu leurs voix profondes. Quand les prières qui recommandent l'âme furent achevées, elle eut seulement un faible soupir : « Ma mère, dit le P. de Lingendes qui l'assistait, ces grandes douleurs que vous endurez, ce sont les clameurs qui précèdent la venue de l'Epoux. Le voilà qui vient. Ne voulez-vous pas aller au-devant de lui ? — Oui, mon père, fitelle, j'y vais. Jésus, Jésus, Jésus ! » Et comme elle le disait, elle courut à Dieu. Son exil avait duré 69 ans.

X

Arrêtons-nous un moment avant de quitter cette grande figure si chastement sculptée par M. Bougaud et jetons sur elle un coup d'œil plus laïque, si l'on peut s'exprimer ainsi, et plus humain.

Au premier abord, l'esprit de Mme de Chantal frappe peu; s'il a des côtés héroïques que le voile dissimule, il n'a pas le brillant de ces génies supérieurs qui tracent un sillon lumineux dans l'histoire. C'est un esprit tout pratique, dit avec raison son panégyriste, d'une vive pénétration, mais porté aux affaires, peu aux idées, plus solide qu'étincelant et presque dépourvu d'imagination. Sa parole n'avait guère plus de relief que sa plume. En général, elle était nette, mais brève, sans ornements et sans images. « Interrogez-moi, disait-elle à ses filles, je ne suis pas grande prédicatrice; je ne sais guère parler qu'en répondant. » Ses entretiens, notés avec soin par ses filles et conservés dans la plupart des monastères de la Visitation, nous montrent une pensée émue, énergique, accentuée, mais nous y chercherions en vain une expression neuve, pittoresque, délicate ou qui s'attaque aux sens, ce qu'on appelle en un mot la forme littéraire. Ses lettres, dictées presque toujours à la hâte, sont courtes et négligées, elle avait vraiment bien le temps de cadencer ses périodes et d'arrondir ses phrases! Du reste, elle n'y attachait pas d'autre valeur que celle de l'affaire qui y était traitée. A les lire, on croirait difficilement qu'elles ont été écrites par l'aïeule de Mme de Sévigné. Entre les lettres d'Annecy et les lettres des Rochers, il n'y a aucune parenté visible.

Mais lorsque, sans se préoccuper de la forme, on va au fond de la pensée, quand on lève ce voile quelque peu grossier sous lequel se cachait la nature et le caractère, on éprouve tout à coup une pénétrante estime et un grand respect. Les qualités les plus opposées en apparence sont réunies : la vivacité et la patience, l'ardeur et le calme, la douceur et l'austérité, la fierté et la tendresse, la candeur de l'enfant avec la sincère et touchante mélancolie du vieillard. On y trouve surtout un jugement et un bon sens qui avaient tellement frappé les contemporains que, lorsque les médecins ouvrirent son corps pour l'embaumer, ils voulurent, sans être assurément phrénologues, étudier d'une manière toute spéciale la conformation de son cerveau.

La rectitude et la force de son jugement, qui faisaient aussi la sérénité imperturbable de sa foi, se trahissaient chez elle de mille façons. On a beaucoup parlé de son esprit de prosélytisme et de l'ardeur qu'elle mettait à échauffer les vocations. Il n'y a aucun doute que la vie religieuse ne lui parût la vie chrétienne par excellence; c'était celle qu'elle avait choisie, et quand elle se décidait, elle ne se décidait pas à demi. Pourtant, voici un petit fait bien inaperçu, qui témoigne du scrupule et de la droiture qu'elle apportait dans tous ses jugements. Pendant un voyage qu'elle fit à Montpellier, un procureur du roi nommé M. Ramisce, qui inclinait depuis longtemps vers la vie cénobitique, vint un jour lui demander conseil : « Eh! monsieur, lui dit vivement la mère de Chantal, que deviendrait la barque du monde si tous les bons s'en retiraient? » Et elle lui expliqua, en termes chaleureux, tout le bien qu'il pouvait faire sans chausser les sandales et coiffer le capuchon. M. Ramisce suivit son avis et ne s'en repentit jamais.

Il ne faudrait point croire d'ailleurs qu'elle fût insensible aux choses suaves et délicates. Qui fut plus suave, plus délicat que saint François de

Sales? Eh bien, les plus grands écrivains, les plus célèbres orateurs, Bossuet, Bourdaloue, Fléchier, le P. de la Rue, ont essayé de peindre cette aimable et souriante figure, et ils sont demeurés au-dessous de sainte Chantal. Personne, selon un juge peu suspect (1), n'en a parlé avec des termes plus pénétrants et plus vifs, personne n'a rendu aussi sensiblement des choses qui semblent inexprimables. « Lumière, suavité, netteté, vigueur, discernement et dextérité céleste, ordonnance et économie des vertus dans cette âme, tout s'y représente et s'y peint d'un trait ferme et distinctif. De telles pages n'entrent pas dans la littérature et ne sauraient être soumises même à l'admiration. »

Mais, je le répète, à cette exception près qu'explique bien sa parfaite connaissance du saint, elle ne donnait rien à l'esprit, quoique son père spirituel lui reprochât quelquefois, dans un autre sens, d'en être un peu jalouse. Elle était plus sensible aux grandeurs du caractère qu'aux grâces de l'éloquence. Toujours active, empressée, voir même « embesogneuse, » selon le mot de l'évêque de Genève, elle joignait à cette ardeur irrésistible une constance inébranlable, une fermeté sur elle-même avec un don d'autorité sur les autres qui la rendait maîtresse de tout. Aussi fut-elle divinement élue pour être la fondatrice d'un Ordre innovateur à ses débuts et qui, sans une main puissante, eût peut-être sombré tout d'abord sous le souffle de la contradiction.

Cette force de caractère, ce goût instinctif des choses pratiques, cet immuable bon sens eurent encore pour elle un autre résultat : ils la préservèrent des raffinements de la spiritualité. Malgré les flammes de son amour, elle ne se serait jamais laissé surprendre aux séductions du quiétisme qui troublèrent les plus belles âmes dans les dernières années de ce siècle. M. Bougaud raconte qu'un jour, une religieuse s'entretenant avec elle lui dit qu'elle se contentait de savoir que Dieu est Dieu, sans oser l'appeler son Dieu, sans même penser qu'il le fût. « Oh ! pour ce point, reprit vivement sainte Chantal, je vous le laisse, ma chère mère, et je ne pratiquerai jamais cette abnégation. Pour abattue qu'ait été mon âme, elle n'a jamais été si bas, qu'elle n'ait dit : « Mon Dieu, vous êtes le Dieu de mon cœur. » Et la religieuse insistant, elle lui montra avec clarté ce qu'il y avait de puéril, de dangereux même dans cette recherche du « dénûment d'esprit » qui couvre souvent plus de vanité que de réelle perfection.

On se demandera peut-être quelle fut l'influence de Mme de Chantal sur son siècle. A cette question il serait facile de répondre : ses œuvres sont là ; comptez les pauvres qu'elle a soulagés, les larmes qu'elle a séchées, les blessures qu'elle a guéries, les trésors qu'elle a répandus, les générations qu'elle a dressées à la chasteté et à la prière, et qui s'inspirent maintenant encore de ses humbles, mais fortes leçons. Parcourez cette vaste correspondance par laquelle elle se rattachait du fond du cloître aux extrémités des royaumes, suivez-la dans ses courses laborieuses à travers les peuples, et après avoir ouvert l'oreille aux échos de l'enthousiasme que sa vue seule excitait dans les derniers jours, dites si vraiment elle fut inutile au monde. Mais l'éducation et la charité ne sont pas les seuls moyens de

(1) M. Sainte-Beuve.

le servir, il y a un bienfait plus inestimable encore, c'est celui de l'exemple. Entre tous les hommes qui se sont voués au service de leurs semblables, prenez le meilleur ; peu nous importe son nom, pourvu qu'il soit le plus généreux et le plus digne. Choisissez-le tendre, souriant, doux, aimable ; qu'avec cela il soit fort, énergique, intelligent, intrépide, donnez-lui même du génie ; eh bien, soyez-en sûrs, s'il ne croit et s'il n'aime le Christ, à cet esprit lumineux, à ce cœur enflammé, une lumière et une chaleur manqueront. Je n'entends pas la lumière qui brille, mais celle qui échauffe en rayonnant, qui ne vient pas de la surface, mais du foyer même et d'un foyer inextinguible. Chez Mme de Chantal, chez cette femme qui s'était volontairement faite humble et pauvre, il y a plus que le juste, il y a plus que l'utile, il y a plus que l'humain, il y a le *saint*, chose réelle, et qui, dès qu'elle se montre sincère, sera toujours vénérée des hommes. Voilà la véritable raison de l'influence de Mme de Chantal, et voilà pourquoi l'éclat de noms autrefois plus glorieux pâlit aujourd'hui devant le sien. Cette femme qui laisse sa part aux autres et qui se donne en surplus pour servir les autres fait plus que du dévouement ou de la bienfaisance ; elle sert par amour divin de supplément au monde, *orbis supplementum*, et c'est pourquoi le monde, moins ingrat qu'il ne veut le paraître, ne perdra ni ses leçons ni son souvenir.

Mme de Chantal a fait peu de miracles, ou du moins dans son procès de canonisation l'Eglise n'en a pas authentiquement constaté un grand nombre. Qu'importe, si sa vie fut vraiment sainte, et si tous les jours encore elle forme des saintes après elle ! D'ailleurs, le chiffre des prodiges opérés par son intercession et officiellement livrés à la vénération des fidèles est encore assez considérable pour qu'il suffise à la nôtre. Nous souhaiterions même que l'on n'en citât pas d'autres, — et c'est ici le seul reproche que nous puissions timidement adresser à l'œuvre si remarquable de M. l'abbé Bougaud ; — la plupart des faits merveilleux qu'il rapporte sur la foi des bonnes compagnes de la Sainte, ont-ils un caractère d'authenticité qui ferme la bouche à toutes les explications et interdise tous les doutes ? Dans des matières aussi graves et aussi délicates, il est prudent de s'arrêter là où s'est arrêtée l'Eglise. Disons donc toute notre pensée : à ces récits naïfs et simples, empreints de la plus complète sincérité, mais souvent privés d'examen, dépourvus de contrôle, si après l'arrêt souverain de Rome (1), la gloire céleste de Jeanne Frémyot pouvait encore être douteuse, nous préférerions ces mots de son second directeur, qui fut lui-même un grand saint (2) : « Je crois qu'elle était une des plus saintes âmes que j'aie jamais connues sur la terre, et qu'elle est maintenant bienheureuse dans le ciel. Je ne fais pas de doute que Dieu ne manifeste un jour sa sainteté. »

____

(1) Le décret de béatification de sainte Chantal fut publié par Benoît XIV, en 1751. Elle ne fut canonisée qu'en 1767 par Clément XIII.
(2) Saint Vincent de Paul.

APPENDICE.

NOTICE GÉNÉALOGIQUE SUR LA DESCENDANCE

DE

MME DE CHANTAL.

Jeanne-Françoise Frémyot, baronne de Chantal, eut de son mariage avec Christophe de Rabutin six enfants, dont deux moururent au berceau.

Les autres furent :

I. Celse Bénigne, né en 1596, marié à Marie de Coulanges, mort le 22 juillet 1627. Bussy fait ainsi son portrait (1) : « Ce fut un des plus accomplis cavaliers de France, soit pour le corps, soit pour l'esprit, soit pour le courage. Il avait la taille la plus fine du monde. Il dansait avec une grâce sans pareille. Il faisait si bien des armes que, si l'on n'eût connu qu'il était brave aux marques qu'il en avait données à l'armée, on n'eût pas pu en juger à ses combats particuliers, tant il les faisait sûrement. Il était extrêmement enjoué; il y avait un tour dans tout ce qu'il disait qui réjouissait les gens, mais ce n'était pas seulement par là qu'il plaisait, c'était encore par l'air et la grâce dont il disait les choses. Tout jouait en lui. »

Il eut une seule fille, Marie de Rabutin, qui fut depuis la célèbre marquise de Sévigné. Tout le monde connaît sa postérité.

II. Marie-Aimée, épouse de Bernard de Sales, baron de Thorens, frère de l'évêque de Genève, et morte le 6 septembre 1617, sans enfants.

III. Françoise de Rabutin, mariée à 1622 à Antoine, comte de Toulongeon, capitaine au régiment des gardes du roi Louis XIII et gouverneur de Pignerol. » C'était, dit Bussy, un homme de grand mérite, qui fût allé bien loin sur le chemin de la fortune, s'il eût vécu un peu davantage. Sa femme, qui demeura veuve assez jeune, songea plus au bien de sa maison qu'à ses plaisirs, et il y parut, car elle donna un grand mariage à Gabrielle de Toulongeon, sa fille, et laissa beaucoup de bien à son fils, quoique son mari ne lui en eût pas laissé un fort considérable. »

IV. Charlotte de Rabutin, morte à l'âge de huit ans.

Comme le dit Bussy, la comtesse de Toulongeon eut deux enfants :

1° François, qui épousa Bernarde de Pernas et mourut sans héritiers;

2° Gabrielle de Toulongeon, qui fit ce grand mariage dont parle le vaniteux Bussy, c'est-à-dire qui l'épousa lui-même. Il en eut trois filles, Jacqueline de Rabutin, religieuse à la Visitation; Diane-Charlotte de Rabutin, abbesse de Pralon, et Louise-Françoise, femme en premières noces de Gilbert de Langheac,

---

(1) Dans la généalogie de la maison de Rabutin, manuscrit inédit que nous nous proposons de publier prochainement.

marquis de Coligny, et en secondes de Henri de la Rivière, seigneur de Coucy. Ce fut cette dernière dont les aventures romanesques eurent un si grand retentissement.

Son fils, Marie-Roger de Langheac, marquis de Coligny et d'Andelot, épousa en 1700 Jeanne-Baptiste, palatine de Dio, qui lui donna douze enfants, dont une seule, mariée à Eléazar de la Guiche, comte de Sivignon, laissa de la descendance.

Rabutin portait *cinq points d'argent à quatre d'azur, écartelé d'or à une croix de sable.*

Frémyot portait *d'azur à trois merlettes d'argent, deux en chef et une en pointe, surmontées de trois étoiles d'or posées de même, en chef de gueules brochant sur les deux étoiles du chef.*

CHAUMONT. — IMPRIMERIE DE C. CAVANIOL.